AF283836

Desarrollo de servicios web. IFCD031PO

Eva Díaz San Emeterio

Roberto Pérez Huguet

ic editorial

Desarrollo de servicios web. IFCD031PO
© Eva Díaz San Emeterio
© Roberto Pérez Huguet

1ª Edición

© IC Editorial, 2025

Editado por: IC Editorial
c/ Cueva de Viera, 2, Local 3
Centro Negocios CADI
29200 Antequera (Málaga)
Teléfono: 952 70 60 04
Fax: 952 84 55 03
Correo electrónico: iceditorial@iceditorial.com
Internet: www.iceditorial.com

ISBN: 979-13-7027-101-5
Depósito Legal: MA 2042-2025

Impresión: PODiPrint
Impreso en Andalucía – España

Nota de la editorial: IC Editorial pertenece a Innovación y Cualificación S. L.

Especialidad formativa

Se entiende por especialidad formativa la agrupación de contenidos, competencias profesionales y especificaciones técnicas que responde a un conjunto de actividades de trabajo enmarcadas en una fase del proceso de producción y con funciones afines.

Las especialidades formativas de Uso General, Formación Complementaria, Formación Modular y las especialidades formativas dirigidas a la obtención de certificados de profesionalidad se incluyen en el Fichero de Especialidades del Servicio Público de Empleo Estatal para su gestión en todo el territorio nacional por cualquier Administración competente.

Las especialidades complementarias, pertenecen todas a la Familia profesional de Formación Complementaria (FCO) y tienen la consideración de formación transversal en áreas que se consideran prioritarias tanto en el marco de la Estrategia Europea para el Empleo y del Sistema Nacional de Empleo como en las directrices establecidas por la Unión Europea. Se consideran áreas prioritarias las relativas a tecnologías de la información y la comunicación, la prevención de riesgos laborales, la sensibilización en medio ambiente, la promoción de la igualdad, la orientación profesional y aquellas otras que se establezcan por la Administración competente.

Las especialidades de Certificado de profesionalidad tienen una duración especificada en su normativa reguladora.

En el resultado de la búsqueda, se muestran las unidades de competencia, todos los módulos formativos con su duración y las unidades formativas del certificado correspondiente, con su duración. Las horas del certificado, exclusivo de las especialidades de certificado de profesionalidad, con alta igual o superior a 2008, son las horas totales más las horas del módulo de Prácticas Profesionales no Laborales.

- ⮑ **Si la especialidad tiene unidades formativas,** las horas totales, presencial, distancia, teleformación serán igual a la suma de esas horas de las unidades formativas de los distintos módulos, sin que se repita ninguna Unidad formativa.

- ➲ **Si la especialidad no tiene unidades formativas,** las horas totales, presencial, distancia, teleformación serán igual a las sumas de esas horas de los módulos formativos, eliminando las horas de los módulos repetidos.

https://sede.sepe.gob.es/especialidadesformativas/RXBuscadorEFRED/BusquedaEspecialidades.do

(Fuente: Servicio Público de Empleo Estatal)

Índice

Unidad de aprendizaje 4.
Registros XML

Unidad de aprendizaje 5.
Proyecto de programación de una aplicación de servicio web

Glosario

Bibliografía

OBJETIVOS GENERALES

Los objetivos general del **IFCD031PO. Desarrollo de servicios web,** son:

- ⮞ Programar aplicaciones de servicio web.
- ⮞ Comprender los fundamentos, arquitectura, estándares y herramientas de Java EE para desarrollar e integrar servicios web en aplicaciones distribuidas.
- ⮞ Implementar servicios web RPC usando WebLogic y estándares actuales de datos y mensajes.
- ⮞ Aplicar técnicas de invocación de servicios web, evaluando ventajas y casos de uso para integrarlos de forma eficiente y segura.
- ⮞ Comprender los registros XML y su uso en la publicación, descubrimiento y gestión de servicios web con buenas prácticas.
- ⮞ Desarrollar un proyecto práctico de servicio web SOAP para aplicar todas las fases del ciclo de vida, usando un sistema de reservas como ejemplo.

Servicios web

Contenido

Objetivos

El objetivo general de esta Unidad de Aprendizaje es:

→ Comprender los fundamentos, arquitectura, estándares y herramientas de Java EE para desarrollar e integrar servicios web en aplicaciones distribuidas.

Los objetivos específicos de esta Unidad de Aprendizaje son:

→ Identificar los componentes fundamentales de la arquitectura de los servicios web, incluyendo los roles de proveedor, solicitante y registro, así como los estándares que regulan la comunicación y el descubrimiento de servicios (SOAP, WSDL, UDDI).
→ Describir y comparar las tecnologías básicas utilizadas en los distintos servicios web, como XML, JSON, XSD, SOAP y REST, analizando sus funciones, ventajas y ámbitos de aplicación.
→ Reconocer las principales API y herramientas que ofrece la plataforma Java EE (J2EE/ Jakarta EE) para la creación de servicios web SOAP y REST, tales como JAX-WS, JAX-RS, JAXB y los contenedores de ejecución compatibles.
→ Analizar y comparar los formatos de intercambio de datos JSON y XML, desarrollando la capacidad de representar estructuras equivalentes en ambos lenguajes y reflexionando sobre sus ventajas y limitaciones en escenarios prácticos de servicios web.

1. Introducción

El desarrollo de las aplicaciones distribuidas ha cambiado notablemente con los servicios web, que facilitan la comunicación entre sistemas diversos mediante protocolos abiertos y lenguajes comunes. Su flexibilidad hace que sean esenciales tanto en empresas tradicionales como en arquitecturas modernas de nube y microservicios. Para utilizarlos, es clave conocer su arquitectura, componentes y estándares como XML, SOAP, WSDL, UDDI, JSON y REST, así como los lenguajes de descripción y validación de datos. REST, cada vez más popular por su ligereza frente a SOAP, requiere atención especial. Además, es fundamental familiarizarse con herramientas y API de Java EE, servidores compatibles, *frameworks* y utilidades que simplifican el desarrollo, despliegue y prueba de servicios web en entornos reales.

Claudia y Sergio han decidido reforzar sus perfiles profesionales. Aunque vienen de ramas distintas, ambos coinciden en que aprender sobre los servicios web les abrirá nuevas oportunidades. Al principio, todo les suena muy técnico y complejo, pero con algo de práctica lograrán entender cómo los servicios web permiten que distintas aplicaciones se comuniquen a través de internet.

Cada tarde, quedan para estudiar y, mientras Claudia se encarga de generar los esquemas para visualizar los contenidos teóricos, Sergio prueba fragmentos de código para simular invocaciones. Poco a poco descubrirán la importancia de entender la arquitectura de los servicios web.

2. Introducción a los servicios web

☞ **HILO CONDUCTOR**

Durante esta semana de estudio, Sergio y Claudia se enfrentarán a un nuevo reto: comprender los dos grandes enfoques en el desarrollo de los servicios web, SOAP y REST. Mientras que Sergio se siente atraído por la robustez y la formalidad de SOAP, con sus mensajes estructurados en XML y su definición precisa en WSDL, Claudia, en cambio, prefiere la sencillez de REST, puesto que las llamadas son más directas y el formato JSON es mucho más intuitivo.

Comparando ambos enfoques, Claudia comentó que SOAP era similar a "una carta formal con sello y membrete", mientras que REST era "como un mensaje

Continúa en página siguiente >>

<< Viene de página anterior

rápido por WhatsApp". Sergio la felicitó por esta comparación, ya que le sirve para recordar mejor la diferencia.

Los servicios web son un elemento clave en el desarrollo de las aplicaciones distribuidas modernas, ya que permiten la interoperabilidad entre sistemas heterogéneos a través de las redes como puede ser internet. Los tres **pilares esenciales** que sustentan los **servicios web** son:

Arquitectura de los servicios web
- Un servicio web permite que las aplicaciones se comuniquen por internet, aunque estén hechas en diferentes lenguajes. Hay tres roles principales: el proveedor (quien ofrece el servicio), el consumidor (quien lo usa) y el registro (un directorio donde se publican los servicios).
- Se utilizan estándares como XML (para estructurar los datos), SOAP (para enviarlos), WSDL (para describir el servicio) y UDDI (para encontrar servicios). Esta arquitectura facilita la reutilización y hace que las aplicaciones puedan trabajar juntas sin depender demasiado unas de otras.

Tecnologías básicas
- Se realizan estrategias sobre las redes o medios sociales más Para crear y usar servicios web, se necesita manejar ciertas tecnologías como XML, que sirve para organizar los datos, y XSD, que valida que esos datos estén bien escritos. También son clave SOAP, WSDL y UDDI para el envío, descripción y búsqueda de los servicios.
- Existe una alternativa más simple llamada REST, que funciona como una web: cada recurso tiene una dirección y se accede a él con comandos básicos como "leer" o "enviar". REST es más fácil de usar y se adapta mejor a las aplicaciones móviles.

Tecnologías J2EE para servicios web
- Se realizan estrategias sobre las redes o medios sociales más iJ2EE es una plataforma de Java que incluye herramientas para crear servicios web. Algunas de ellas son JAX-WS y JAX-RPC (para SOAP) y JAX-RS (para REST). También se usa JAXB para convertir los datos entre XML y Java, y JAXR para trabajar con registros.
- Estos servicios suelen ejecutarse en servidores como Apache Tomcat o WebLogic. Además, existen frameworks como Apache CXF o Spring Web Services que simplifican el desarrollo y permiten crear los servicios web de forma más rápida y organizada.

3. Arquitectura de los servicios web

☞ HILO CONDUCTOR

Sergio y Claudia han aprendido la arquitectura de los servicios web para su nuevo proyecto. Han analizado la manera en la que interactúan el proveedor, el consumidor y el registro, lo que les ha permitido entender la importancia de los estándares como SOAP, WSDL y UDDI para lograr la interoperabilidad entre los distintos sistemas. Claudia ha resumido perfectamente el modelo por capas: da orden, escalabilidad y flexibilidad; a lo que Sergio ha añadido que también permite que las aplicaciones se comuniquen entre ellas sin importar en qué lenguaje estén desarrolladas.

Un servicio web es una aplicación que ofrece funcionalidades accesibles a través de la red (habitualmente internet), permitiendo que diferentes sistemas informáticos se comuniquen entre sí, sin importar el lenguaje de programación, sistema operativo o la plataforma utilizada.

Su objetivo es garantizar la interoperabilidad entre las aplicaciones distribuidas mediante mensajes estructurados en formatos estándar (como XML o JSON), transportados sobre protocolos como, por ejemplo, HTTP.

3.1. Componentes fundamentales

Para entender cómo funcionan los servicios web es imprescindible analizar los elementos que integran su arquitectura básica. Dicha arquitectura define el modelo de interacción entre las aplicaciones distribuidas para que se pueda intercambiar la información estructurada mediante el uso de estándares abiertos. Estos componentes, además de definir los roles que intervienen en el proceso de comunicación, también establecen las responsabilidades que cada uno de ellos asume en el ciclo de vida de un servicio, desde su publicación hasta su consumo. Esta separación funcional permite desarrollar soluciones desacopladas, escalables e interoperables, independientemente del lenguaje o plataforma utilizados.

En este contexto, se identifican tres **actores principales:**

Proveedor del servicio *(service provider)*	- Es quien crea e implementa el servicio web. Publica una descripción formal (WSDL) que explica cómo usarlo. - **Ejemplo:** una empresa ofrece un servicio web para consultar los tipos de cambio entre monedas.
Solicitante del servicio *(service requester)*	- Es quien utiliza el servicio. Lee la descripción (WSDL), genera el código necesario y realiza las llamadas al servicio. - **Ejemplo:** una app de viajes usa el servicio de cambio de divisas para mostrar precios en distintas monedas.
Registro del servicio *(service registry)*	- Es un intermediario donde los proveedores publican sus servicios y los consumidores pueden buscarlos. El estándar más conocido es UDDI. - **Ejemplo:** un desarrollador busca en un registro un servicio web para validar las direcciones postales.

IMPORTANTE

Aunque se ha reducido el uso de registros como UDDI, es importante comprender el papel que desempeña en la arquitectura tradicional orientada a los servicios.

Find

Service Requester

Service Registry

SOAP Request

Publish

Service Provider

Esquema del modelo arquitectónico de los servicios web, representando los tres componentes clave y su relación.

3.2. Interacción entre componentes

Una vez definidos los componentes fundamentales que forman parte de la arquitectura de los servicios web, hay que entender la manera en la que interactúan entre sí. Esta interacción establece el flujo lógico mediante el cual un servicio web es publicado, descubierto e invocado por una aplicación cliente. Dicho proceso se apoya en la utilización de los lenguajes de descripción como WSDL, los registros como UDDI y los protocolos de mensajería como SOAP, que permiten establecer un canal de comunicación estructurado entre el proveedor y el consumidor.

El modelo de interacción sigue una secuencia ordenada en la que cada actor cumple un **rol** específico:

El proveedor
- El proveedor es quien crea y ofrece un servicio web. Para que otros puedan usarlo, publica una descripción del servicio (normalmente usando WSDL), donde explica qué hace el servicio, qué datos necesita y cómo acceder a él.
- **Ejemplo:** una empresa meteorológica crea un servicio que muestra el pronóstico del tiempo. Publica su descripción para que otros programas sepan cómo pedirle esta información.

El consumidor
- El consumidor es la aplicación o sistema que quiere usar el servicio. Para encontrarlo, consulta un registro (como UDDI), donde están listados los servicios disponibles con sus descripciones.
- **Ejemplo:** una aplicación de viajes busca en un registro un servicio meteorológico para mostrar el clima de cada ciudad que el usuario va a visitar.

La invocación
- Una vez localizado, el consumidor realiza una invocación remota al servicio, es decir, le hace una solicitud a través de su dirección o punto de acceso. Esto se hace siguiendo el formato que el proveedor indicó, como SOAP o REST.
- **Ejemplo:** la aplicación de viajes envía una solicitud al servicio meteorológico con la ciudad y la fecha y recibe la temperatura y la previsión del clima como respuesta.

Este ciclo permite la interoperabilidad del servicio web sin que cada una de las partes conozca los detalles de implementación de la otra.

3.3. Estándares clave

El funcionamiento de los servicios web se basa en el uso de una serie de estándares abiertos que permiten establecer una comunicación estructurada, coherente y segura entre las diferentes aplicaciones. Estos estándares han sido desarrollados y adoptados internacionalmente con el objetivo de garantizar la interoperabilidad entre los sistemas heterogéneos, independientemente del lenguaje de programación, la plataforma o el proveedor tecnológico utilizado. Su correcta implementación es esencial para asegurar que los servicios web puedan ser diseñados, publicados, descubiertos e invocados de forma consistente.

En la arquitectura de los servicios web intervienen varios **estándares fundamentales**:

- **SOAP** *(Simple Object Access Protocol)*. Es un protocolo que define cómo deben enviarse los mensajes entre dos sistemas usando XML. Generalmente, estos mensajes viajan a través de HTTP, como las páginas web, aunque también puede usarse con otros medios.
  Por ejemplo, una aplicación que calcula el importe del seguro de un vehículo envía los datos de un cliente a un servidor central usando un mensaje SOAP para solicitar un presupuesto.
- **WSDL** *(Web Services Description Language)*. Es un archivo en formato XML que describe qué hace un servicio web, qué datos necesita y cómo usarlo. Sirve como una guía para que otros sistemas puedan conectarse correctamente al servicio.
  Por ejemplo, un banco publica el WSDL de su servicio de consulta de saldo para que otras aplicaciones financieras puedan integrarse fácilmente.
- **UDDI** *(Universal Description, Discovery and Integration)*. Directorio donde los proveedores pueden registrar sus servicios web y los consumidores pueden buscar y descubrir los servicios disponibles de forma estandarizada.
  Por ejemplo, una empresa que desarrolla *software* para hoteles busca en un registro UDDI un servicio web de reservas de vuelos para integrarlo en su sistema.

 **IMPORTANTE**

En las arquitecturas más avanzadas, se utilizan extensiones como WS-Security para el cifrado y la autenticación y WS-ReliableMessaging para garantizar la entrega de los mensajes.

Estos elementos actúan de manera complementaria dentro del ecosistema de los servicios web, proporcionando el soporte necesario para la interoperabilidad técnica y la automatización de los procesos en los entornos distribuidos.

 **EJEMPLO**

Imagina una aplicación web que necesita obtener el tipo de cambio de divisas. En este escenario:

- El proveedor es un servicio público de divisas (por ejemplo, del Banco Mundial).
- El consumidor es la aplicación de finanzas.
- El registro es un directorio UDDI.
- La app descarga el WSDL, genera un *stub* y realiza una invocación SOAP que recibe un XML con el tipo de cambio.

3.4. Modelo de capas

La arquitectura de los servicios web se organiza siguiendo un modelo de capas que permite separar lógicamente las distintas responsabilidades que intervienen en el proceso de comunicación entre los sistemas. Esta estructuración facilita la comprensión, el diseño y la implementación de los servicios distribuidos, ya que cada capa desempeña una función específica dentro del ciclo del servicio. Gracias a esta segmentación, es posible modificar o actualizar los componentes individuales sin afectar al resto de la infraestructura, lo que favorece el mantenimiento, la escalabilidad y la reutilización del sistema.

El modelo más común distingue al menos cuatro **capas principales:**

Capa de transporte	- Es la capa que envía los mensajes entre el cliente y el servidor. Usa protocolos como HTTP/HTTPS (el mismo de las páginas web), SMTP (correo electrónico) o FTP (transferencia de archivos). - **Ejemplo:** un servicio web viaja por internet usando HTTPS, igual que cuando se visita una página web.

Continúa en página siguiente >>

<< Viene de página anterior

Capa de mensajería	- Define cómo está escrito el mensaje que se intercambia. Normalmente se usa SOAP, que organiza la información en una estructura XML con cabecera (datos técnicos) y cuerpo (contenido principal). - **Ejemplo:** una tienda *online* envía un pedido en formato SOAP al sistema de facturación.
Capa de descripción	- Usa WSDL para describir el servicio web: qué funciones ofrece, qué datos necesita y cómo acceder a él. Es como el "manual de uso" del servicio. - **Ejemplo:** un desarrollador revisa el WSDL de un servicio de pagos para saber cómo integrarlo en su aplicación.
Capa de descubrimiento	- Permite registrar y encontrar servicios disponibles, normalmente usando UDDI. Es similar a un buscador especializado de servicios web. - Ejemplo: una empresa consulta un registro UDDI para encontrar un servicio de envío de mensajes SMS.

3.5. Características de la arquitectura

Además de la estructura por capas y el uso de los estándares abiertos, la arquitectura de los servicios web se caracteriza por una serie de propiedades que la hacen especialmente adecuada para los entornos distribuidos, escalables y heterogéneos. Estas características son el resultado del diseño orientado a la interoperabilidad, la flexibilidad y la reutilización de los recursos, aspectos fundamentales cuando se pretende conectar múltiples aplicaciones o servicios en redes abiertas como internet o intranets corporativas.

Entre las **propiedades** más relevantes se encuentran:

- **Interoperabilidad.** Los servicios web pueden funcionar entre plataformas y lenguajes diferentes, como Java, Python o .NET.
  Ejemplo: una app en Android se conecta sin problemas a un sistema desarrollado en Java para consultar información.
- **Desacoplamiento.** Las aplicaciones solo necesitan conocer la interfaz (qué hace el servicio), sin saber cómo está programado por dentro.
  Ejemplo: una tienda *online* usa un servicio de pagos sin importar si está hecho en PHP, Java o cualquier otro lenguaje.
- **Reutilización.** Un mismo servicio puede ser usado por varios sistemas al mismo tiempo, sin duplicar el desarrollo.

Ejemplo: un servicio que calcula impuestos es usado por distintas tiendas *online* del mismo país.

- **Basado en estándares abiertos.** Usa reglas públicas como XML, SOAP, WSDL o HTTP, lo que facilita la compatibilidad entre sistemas.
Ejemplo: diferentes empresas pueden integrarse fácilmente porque todos usan los mismos protocolos abiertos.
- **Extensibilidad.** Es posible añadir funciones nuevas (como seguridad o control de errores) sin modificar lo que ya funciona.
Ejemplo: se puede incorporar autenticación con contraseña a un servicio ya en uso sin romper su funcionamiento.

Estas cualidades refuerzan la viabilidad de los servicios web como una solución robusta para la integración de los sistemas en los distintos escenarios técnicos y organizativos.

 VÍDEO

En el siguiente vídeo se realiza una explicación acerca de lo que es un web *service*, sus tipos y las distintas arquitecturas que se pueden encontrar. Accede desde aquí:

https://redirectoronline.com/ifcd031po0101

3.6. Ventajas de usar una arquitectura de servicios web

Utilizar la arquitectura basada en los servicios web aporta numerosas ventajas en el desarrollo de las aplicaciones distribuidas, especialmente cuando se requiere integrar sistemas heterogéneos o establecer comunicaciones entre distintas organizaciones, plataformas o entornos tecnológicos. Estas ventajas no solo se reflejan en el plano técnico, sino también en la eficiencia del mantenimiento, la escalabilidad de las soluciones y la capacidad de adaptación a las nuevas necesidades. Las arquitecturas (SOA) con servicios web como elemento central, permiten desacoplar funcionalidades, definir interfaces estables y facilitar el consumo reutilizable de los recursos compartidos. Entre estas **funcionalidades** se encuentran:

- **Interoperabilidad.** Los servicios web permiten que distintas aplicaciones, desarrolladas en lenguajes distintos, puedan comunicarse entre ellas sin problemas.
  Ejemplo: un sistema de reservas desarrollado en .NET puede conectarse con un servidor de vuelos desarrollado en Java.
- **Desacoplamiento.** El cliente y el servicio están separados, por lo que uno puede cambiar sin afectar al otro.
  Ejemplo: se actualiza el servicio de envío de correos sin necesidad de modificar la aplicación que lo utiliza.
- **Reutilización.** Un mismo servicio puede ser usado por muchas aplicaciones o usuarios, sin repetir código.
  Ejemplo: un servicio de verificación de usuarios es usado por varias plataformas dentro de una empresa.
- **Mantenimiento más sencillo.** Toda la lógica del servicio está centralizada, por lo que cualquier cambio se hace en un solo lugar.
  Ejemplo: si se mejora un cálculo en el servicio de facturación, todas las aplicaciones que lo usan se benefician automáticamente.
- **Facilidad de integración.** Organizaciones distintas pueden colaborar fácilmente compartiendo servicios a través de interfaces públicas.
  Ejemplo: un proveedor permite que sus clientes consulten el *stock* en tiempo real mediante un servicio web.

ACTIVIDAD COMPLEMENTARIA

1. Reflexiona acerca de las ventajas que tiene el uso de una arquitectura de servicios web en lugar de una API integrada directamente en el código fuente. Elabora un listado con las ventajas más importantes.

4. Tecnologías básicas

☞ HILO CONDUCTOR

Mientras Sergio estaba revisando la tabla comparativa de tecnologías, Claudia, entusiasmada, le ha preguntado acerca de si se ha dado cuenta de lo importante que es elegir bien entre JSON, XML o SOAP dependiendo del tipo de proyecto. Ambos han llegado a la conclusión de que en su nueva API necesitan un bajo nivel de complejidad para desarrollar su aplicación para los dispositivos móviles. Ambos han llegado a la conclusión de que dominar estas tecnologías básicas es clave para desarrollar servicios web eficientes, seguros y preparados para entornos reales.

- -

El correcto funcionamiento de los servicios web depende del uso combinado de un conjunto de tecnologías que permiten estructurar, describir, intercambiar y validar la información entre los sistemas. Estas tecnologías básicas proporcionan el marco necesario para garantizar la interoperabilidad, la estandarización de los mensajes y la compatibilidad entre los diferentes lenguajes de programación y plataformas. Entender el propósito y el funcionamiento de cada una de ellas resulta esencial para abordar el diseño y la implementación de los servicios web eficaces.

Las principales **tecnologías** que forman parte del ecosistema de los servicios web son:

⮞ **XML *(Extensible Markup Language)*.** Lenguaje para estructurar los datos de forma jerárquica. Es legible tanto por personas como por máquinas y funciona en cualquier sistema.
Ejemplo XML:

```
<persona>
   <nombre>Laura</nombre>
   <edad>32</edad>
</persona>
```

⮞ **SOAP *(Simple Object Access Protocol)*.** Protocolo de mensajes basado en XML. Define cómo deben enviarse las solicitudes y respuestas entre las aplicaciones, normalmente por HTTP/HTTPS.

Ejemplo de mensaje SOAP:

```
<soap:Envelope xmlns:soap="http://schemas.
xmlsoap.org/soap/envelope/">
   <soap:Body>
      <getUsuario xmlns="http://miapp.org">
         <id>15</id>
      </getUsuario>
   </soap:Body>
</soap:Envelope>
```

- **WSDL** *(Web Services Description Language)*. Describe un servicio web: qué operaciones ofrece, qué datos usa y cómo acceder a él. Se escribe en lenguaje XML.
  Al generar un cliente SOAP, normalmente se parte de un archivo .wsdl.
- **UDDI** *(Universal Description, Discovery and Integration)*. Es un directorio donde se registran y buscan servicios web. Aunque su uso ha disminuido, debido al auge de las arquitecturas REST, forma parte del modelo tradicional de servicios (SOA).
- **XSD** *(XML Schema Definition)*. Define reglas para validar documentos XML. Establece qué datos son válidos, sus tipos, estructuras y restricciones.
  Ejemplo: si un campo debe contener un número, el XSD lo define como xs:integer. Si se introduce un texto similar a "veinticinco", fallará.
- **REST** *(Representational State Transfer)*. Estilo actual usado en API web y móviles. Usa HTTP/HTTPS con métodos como GET, POST, PUT y DELETE. Los datos se envían en formato JSON.
  Ejemplo de solicitud REST:

GET https://api.ejemplo.com/usuarios/123

Respuesta:

```
{
"nombre": "Laura",
"edad": 32
}
```

○ **JSON** *(JavaScript Object Notation)*. Formato de datos ligero, fácil de leer y más compacto que XML. Es el formato más usado en los servicios REST.
Muy integrado en las aplicaciones JavaScript y móviles.

Comparativa entre XML y JSON		
Característica	**XML**	**JSON**
Legibilidad	Media	Alta
Tamaño	Mayor	Menor
Formato	Verboso	Compacto
Validación	XSD	JSON Schema

○ **OpenAPI/Swagger.** Herramientas para documentar y describir servicios REST. Sustituyen a WSDL en las API modernas. Permiten generar la documentación, las pruebas automáticas y el código cliente.

Comparativa entre SOAP y REST		
Característica	**SOAP**	**REST**
Formato de datos	Solo XML	JSON (también XML)
Complejidad	Alta	Baja
Protocolos soportados	HTTP, SMTP, FTP	Solo HTTP
Interoperabilidad	Alta (por XML)	Alta (más ligera)
Ideal para	Sistemas complejos	*Apps* móviles y web

Para que los servicios web funcionen de manera estandarizada, interoperable y segura, se deben apoyar en distintas tecnologías fundamentales que les permitan estructurar los datos, definir las interfaces, comunicar a las aplicaciones y validar la información intercambiada.

TAREA 1

Irene está creando un nuevo servicio web y se ha dado cuenta de que sus compañeros han programado este servicio usando XML, mientras que ella lo está haciendo en el lenguaje JSON. Como responsable del proyecto debe hablar con ellos para que lo vuelvan a generar, pero, para evitar choques, ha pensado que quizás la mejor manera de decírselo es centrándose en las ventajas que tiene JSON frente a XML.

¿Puedes ayudarle a Irene en la creación de un listado de motivos por los que es mejor usar JSON frente a XML?

4.1. Tabla resumen de tecnologías

Después de analizar individualmente las principales tecnologías involucradas en el desarrollo de los servicios web, resulta útil presentar una visión comparativa que resuma sus características esenciales. Esta tabla de síntesis permite visualizar de forma clara las diferencias, similitudes y ámbitos de aplicación de cada tecnología, facilitando la comprensión global de su papel dentro de los modelos de arquitectura orientada a los servicios. La comparación resulta especialmente valiosa a la hora de tomar decisiones técnicas de acuerdo con el tipo de proyecto, los requisitos de interoperabilidad y las condiciones del entorno de desarrollo.

En la siguiente tabla se incluyen las tecnologías XML, JSON, SOAP, REST, WSDL, UDDI y XSD, ordenadas según su función dentro del ecosistema de los servicios web. Se recogen aspectos como el formato de los datos, el nivel de complejidad, el tipo de protocolo utilizado, la compatibilidad con herramientas modernas y su aplicación recomendada:

Tecnología	Función principal	Formato	Uso típico	Nivel de complejidad	Aplicación recomendada
XML	Estructura y transporte de datos	Etiquetas jerárquicas	SOAP, WSDL, UDDI	Medio	Intercambio estructurado y validación
JSON	Intercambio de datos ligero	Clave-valor	REST, API web modernas	Bajo	Aplicaciones móviles y web
SOAP	Protocolo de mensajería estructurada	XML	Servicios web empresariales	Alto	Sistemas críticos y transaccionales
REST	Estilo arquitectónico para servicios web	JSON/XML	API ligeras	Bajo	Aplicaciones distribuidas y móviles
WSDL	Descripción de la interfaz de un servicio SOAP	XML	Generación de *stubs*	Medio	Servicios SOAP interoperables
UDDI	Registro y localización de servicios web	XML	Directorios de servicios (en desuso)	Alto	Arquitecturas SOA tradicionales
XSD	Validación de documentos XML	XML	Validación estructural y de tipos	Medio	Entornos que requieren integridad de datos
OpenAPI	Documentación estructurada de servicios REST	JSON/YAML	Generación de documentación y SDK	Bajo	API REST modernas y públicas

PARA SABER MÁS

En el blog de la empresa Arsys se puede encontrar una publicación en la que se definen los tipos de servicios web y las tecnologías más adecuadas a cada uno de ellos. Se puede acceder a dicha publicación a través del siguiente enlace:

https://redirectoronline.com/ifcd031po0102

---

5. Tecnologías J2EE para servicios web

HILO CONDUCTOR

Sergio y Claudia están analizando las diferencias entre JAX-WS y JAX-RS en su entorno de desarrollo. Mientras Sergio destaca la robustez de SOAP para los servicios empresariales, Claudia señala la agilidad de REST para API móviles. Al final, han coincidido en que entender ambas tecnologías es clave para diseñar soluciones adaptadas a cada necesidad, combinando la interoperabilidad, el rendimiento y la escalabilidad en sus futuros proyectos.

La plataforma Java EE (conocida como Jakarta EE) ha sido durante años un estándar de referencia para el desarrollo de las aplicaciones empresariales y distribuidas. Dentro de este entorno, se han definido una serie de API para crear, publicar y consumir servicios web en los entornos empresariales. Estas herramientas permiten trabajar con servicios SOAP y REST de forma estandarizada y eficiente.

 **DEFINICIÓN**

API

Conjunto de reglas o protocolos que permiten a las aplicaciones de *software* comunicarse entre sí para intercambiar datos, características y funcionalidades.

Entre las principales **especificaciones de Java EE** relacionadas con los servicios web destacan:

➲ **JAX-WS** (*Java API for XML Web Services*)**.** Permite crear servicios SOAP en Java con anotaciones como @WebService o @WebMethod. Genera automáticamente el archivo WSDL y el código cliente.
Es habitual en los entornos como GlassFish, WebLogic o Apache CXF.
Ejemplo:

```
@WebService
public class Calculadora {
    @WebMethod
    public int sumar(int a, int b) {
        return a + b;
    }
}
```

➲ **JAX-RS** (*Java API for RESTful Web Services*)**.** Facilita la creación de servicios REST. Usa anotaciones como @Path y @GET. Devuelve datos en JSON o XML.
Usado con Jersey, RESTEasy, Spring, etc.
Ejemplo:

```
@Path("/saludo")
public class SaludoService {
    @GET
    @Produces("text/plain")
    public String saludar() {
        return "Hola desde REST";
    }
}
```

⮑ **JAXB** *(Java Architecture for XML Binding)*. Convierte objetos Java en XML y viceversa, usado comúnmente en JAX-WS.
Ejemplo:

```
@XmlRootElement
public class Persona {
    public String nombre;
    public int edad;
}
```

⮑ **JAXR** *(Java API for XML Registries)*. Permite conectarse a registros UDDI desde Java. Aunque está en desuso, fue parte importante del enfoque SOA clásico.

⮑ **Contenedores y servidores compatibles**

○ GlassFish. Referencia oficial de Java EE.
○ Apache Tomcat. Ligero, requiere integración para JAX-WS.
○ WebLogic. Corporativo, muy robusto.
○ WildFly. Modular, compatible con Jakarta EE.

⮑ *Frameworks* **y herramientas complementarias**

○ Apache CXF. Soporta tanto SOAP (JAX-WS) como REST (JAX-RS).
○ Spring Web Services. Permite trabajar con SOAP en el entorno Spring.
○ Spring Boot. Ideal para crear servicios REST y microservicios rápidamente.
○ SoapUI y Postman. Herramientas para probar servicios SOAP y REST de forma visual.

5.1. Comparativa JAX-WS vs. JAX-RS

El desarrollo de servicios web en la plataforma Java EE puede abordarse desde dos enfoques principales: el uso de JAX-WS para los servicios basados en SOAP y el uso de JAX-RS para los servicios que siguen el estilo arquitectónico REST. Ambas API están diseñadas para facilitar la creación de servicios interoperables, pero se diferencian significativamente en su estructura, complejidad, formato de datos y casos de uso ideales. Elegir entre una u otra no solo depende del conocimiento técnico, sino también de las necesidades del proyecto y del contexto en el que se desplegará el servicio.

A continuación se presenta una tabla comparativa entre JAX-WS y JAX-RS, atendiendo a distintos criterios técnicos como el tipo de protocolo utilizado, la estructura de los mensajes, el grado de formalismo requerido, el rendimiento y la facilidad de desarrollo:

Criterio	JAX-WS (SOAP)	JAX-RS (REST)
Estilo arquitectónico	Orientado a servicios (SOA)	RESTful (basado en recursos)
Protocolo principal	SOAP sobre HTTP, SMTP, etc.	HTTP
Formato de mensajes	XML (SOAP Envelope)	JSON, XML
Complejidad	Alta: requiere definición de WSDL	Baja: uso directo de anotaciones
Interfaz de servicio	Definida formalmente con WSDL	Implícita a través de anotaciones (@Path, etc.)
Operaciones soportadas	Definidas en métodos (por ejemplo, sumar())	Basadas en métodos HTTP (GET, POST, etc.)
Desacoplamiento	Medio (requiere contratos formales)	Alto (basado en URL y formatos estándar)
Rendimiento	Menor (mayor sobrecarga por XML y estructura SOAP)	Mejor rendimiento, mensajes más ligeros
Uso típico	Servicios empresariales complejos y transaccionales	API web, móviles y microservicios
Herramientas comunes	Apache CXF, Metro, WebLogic	Jersey, RESTEasy, Spring Boot
Soporte de seguridad	WS-Security, estándares empresariales	HTTPS, OAuth, JWT (requiere configuración externa)

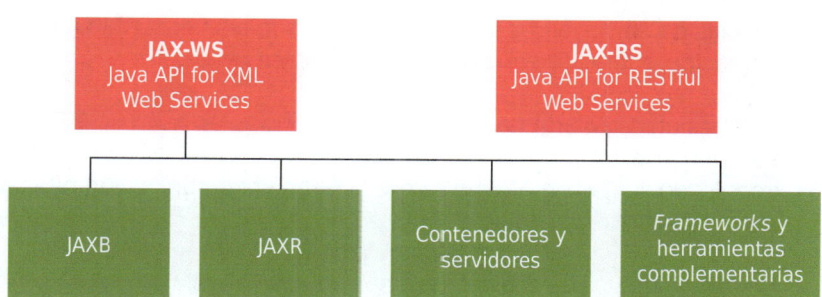

Representación del ecosistema de tecnologías J2EE para los servicios web

APLICACIÓN PRÁCTICA

Nicolás está revisando una aplicación y en el código se ha encontrado anotaciones @Path, @GET, @POST o @Prod.

¿Puedes indicarle a Nicolás a qué especificación de JAVA corresponden las anotaciones existentes en el código?

Solución

Las anotaciones @Path, @GET, @POST y @Produces pertenecen a JAX-RS (Java API for RESTful Web Services).

6. Resumen

Los servicios web son aplicaciones accesibles por red que facilitan la interoperabilidad entre sistemas distintos. Su arquitectura incluye proveedor, solicitante y registro, lo que permite publicar, descubrir e invocar servicios usando protocolos y lenguajes estándar.

XML estructura los datos intercambiados en servicios web gracias a su formato jerárquico y flexible, siendo legible tanto por personas como por máquinas e independiente de plataforma o lenguaje.

JSON, alternativa ligera a XML en entornos REST, destaca por su sintaxis sencilla de clave-valor y bajo peso, facilitando el intercambio rápido de información, sobre todo en aplicaciones web y móviles.

REST es un estilo arquitectónico para servicios web que usa HTTP y recursos identificados por URL. Su simplicidad y compatibilidad con JSON han impulsado su uso en API modernas al permitir comunicación directa entre cliente y servidor.

Entre las principales especificaciones de Java EE relacionadas con los servicios web destacan:

JAX-WS *(Java AFI for XML Web Services)*

JAX-RS *(Java API for RESTful Web Services)*

JAXB *(Java Architecture for XML Binding)*

JAXR *(Java API for XML Registries)*

Contenedores y servidores compatibles

Frameworks y herramientas complementarias

Las principales tecnologías disponibles en la plataforma Java EE (Jakarta EE) para el desarrollo de servicios web son: JAX-WS, para los servicios SOAP, y JAX-RS, para servicios REST, así como JAXB para el mapeo entre objetos Java y documentos XML. También se pueden utilizar los contenedores compatibles (GlassFish, Tomcat, WebLogic, WildFly) y las herramientas de apoyo como Apache CXF, Spring Web Services, Postman y SoapUI.

Ejercicios de autoevaluación
Unidad de Aprendizaje 1

1. Indica si las siguientes afirmaciones son verdaderas o falsas:

a. Los servicios web bloquean el acceso a la información de las distintas aplicaciones y servicios.

- ■ Verdadero
- ■ Falso

b. Los servicios web se han convertido en una solución fundamental en los entornos empresariales y en las arquitecturas modernas orientadas al trabajo en la nube y a los microservicios.

- ■ Verdadero
- ■ Falso

c. El desarrollo de las aplicaciones distribuidas NO ha experimentado una transformación significativa gracias a la adopción de los servicios web.

- ■ Verdadero
- ■ Falso

d. Un servicio web es una aplicación que ofrece funcionalidades accesibles a través de la red.

- ■ Verdadero
- ■ Falso

2. ¿Qué rol en la arquitectura de los servicios web es responsable de ofrecer el servicio?

a. Cliente de servicios
b. Registro UDDI
c. Proveedor del servicio
d. Consumidor de datos

3. ¿Qué lenguaje describe la interfaz de un servicio web, sus métodos y parámetros?

    a. JSON
    b. HTML
    c. SOAP
    d. WSDL

4. ¿Qué capa de la arquitectura se encarga de describir las operaciones disponibles en un servicio?

    a. Capa de transporte
    b. Capa de descripción
    c. Capa de mensajería
    d. Capa de presentación

5. ¿Qué lenguaje permite estructurar datos de forma jerárquica y legible por máquinas en los servicios web tradicionales?

    a. HTML
    b. XML
    c. CSV
    d. YAML

6. ¿Qué protocolo se utiliza habitualmente en servicios RESTful?

    a. FTP
    b. HTTP
    c. SMTP
    d. POP3

7. ¿Qué ventaja aporta JSON respecto a XML?

    a. Mayor formalidad en el intercambio de datos.
    b. Mayor compatibilidad con SOAP.
    c. Sintaxis más ligera y legible.
    d. Necesita definición de esquema obligatorio.

8. ¿Qué API de Java EE se utiliza para crear servicios web basados en SOAP?

    a. JAX-RS
    b. JAXB
    c. JAX-WS
    d. JAXR

9. ¿Cuál de las siguientes anotaciones pertenece a la API JAX-RS?

    a. @WebMethod
    b. @GET
    c. @XmlElement
    d. @ServiceName

10. ¿Qué API permite interactuar con registros de servicios como UDDI?

    a. JAXB
    b. JAXR
    c. JAX-WS
    d. JSON-B

Creación de servicios web

Contenido

Objetivos

El objetivo general de esta Unidad de Aprendizaje es:

→ Implementar servicios web RPC usando WebLogic y estándares actuales de datos y mensajes.

Los objetivos específicos de esta Unidad de Aprendizaje son:

→ Identificar las características y el funcionamiento de la arquitectura RPC en la creación de servicios web, distinguiéndola de otros modelos.

→ Aplicar el uso correcto de los tipos de datos primitivos y complejos en la definición de servicios, asegurando la compatibilidad entre el cliente y el servidor usando XML, JSON y XSD.

→ Implementar servicios web SOAP utilizando JAX-WS en Oracle WebLogic, integrando distintos mecanismos como *handlers* de mensajes para personalizar y controlar el flujo de comunicación SOAP.

→ Comprender las diferencias entre *arrays,* listas y colecciones al usarlas en los servicios web y elegir la más adecuada según el tipo de datos que se quiere enviar o recibir.

1. Introducción

El desarrollo de los servicios web es un aspecto clave en las aplicaciones distribuidas. La arquitectura RPC expone funciones del servidor a los clientes remotos, integrando los sistemas mediante las llamadas estándar. También son esenciales la compatibilidad de los datos, el uso de los servidores como WebLogic y los *handlers* de mensajes.

En el ámbito empresarial, los servicios web integran aplicaciones distribuidas y permiten la comunicación entre los distintos sistemas sin importar la plataforma o el lenguaje utilizado. Requieren de una lógica bien estructurada, de contratos claros con WSDL y de protocolos, como SOAP, que garanticen la compatibilidad, la seguridad, la escalabilidad y el control del ciclo de vida.

El modelo RPC permite invocar a los metodos remotos como las funciones locales, gracias al *middleware* que gestiona la comunicación. El soporte de SOAP y WSDL sigue siendo relevante en aquellos entornos que requieren de formalidad y control de datos, pese a la popularidad de otros como RESTful.

Claudia y Sergio han decidido crear sus propios servicios web. Claudia estudiará la serialización de los objetos JSON y Sergio la implementación de un servidor WebLogic. Pronto descubrirán que no solo es programar, sino que también se debe garantizar una comunicación clara, eficiente y segura entre las aplicaciones.

2. Arquitectura de los servicios web orientados a RPC

 **HILO CONDUCTOR**

Claudia y Sergio van a explorar la arquitectura RPC, que permite invocar las funciones en un servidor como si fueran locales, facilitando el uso de los sistemas distribuidos. Claudia se interesa por cómo SOAP y WSDL estructuran los mensajes, mientras que Sergio revisa algunos componentes como *stub*, proveedor, contenedor, contrato WSDL y serialización.

La arquitectura RPC permite invocar a los procedimientos remotos como las funciones locales, ocultando los detalles de la red, y encapsula la lógica de negocio en los servicios modulares accesibles, usando SOAP y los mensajes XML definidos por WSDL.

2.1. Componentes clave de la arquitectura RPC

En una arquitectura de servicios web basada en RPC, el cliente y el servidor interactúan mediante invocaciones remotas que simulan las llamadas locales. Se apoya en componentes como el proveedor del servicio, el *stub* del cliente, el contenedor, el contrato WSDL y la serialización. Su correcta integración asegura servicios accesibles, fiables, compatibles y escalables. Los servicios web orientados a RPC se estructuran en torno a varios **componentes** esenciales:

Cliente o consumidor
- Aplicación que llama al procedimiento remoto mediante un *stub* que actúa como *proxy*, transformando los métodos locales en mensajes SOAP enviados al servidor.

Stub
- Clase generada desde el WSDL que maneja la serialización, la deserialización y la conexión, permitiendo ejecutar el servicio como un método local.

Servidor
- Implementa el procedimiento remoto en un contenedor (Apache Axis, GlassFish o WebLogic) que recibe, desempaqueta, ejecuta y responde a la petición SOAP.

Skeleton
- En algunos entornos, actúa como intermediario en el servidor entre la lógica y el motor SOAP, aunque su uso ha disminuido.

WSDL *(Web Services Description Language)*
- Contrato del servicio que define las operaciones, los tipos, los parámetros y la ubicación; es imprescindible para generar los *stubs* del cliente.

2.2. Flujo de ejecución típico en una arquitectura RPC

En un servicio web RPC, el cliente invoca un procedimiento remoto como un método local. Esta simplicidad se sustenta en un proceso técnico basado en estándares como SOAP y WSDL que asegura la correcta traducción de solicitudes y respuestas.

El flujo de ejecución típico en este tipo de arquitectura puede desglosarse en las siguientes **etapas:**

- ⊃ **Definición del servicio en el servidor.** Se implementa una clase Java con métodos públicos anotada con @WebService, lo que permite generar automáticamente el contrato WSDL.
- ⊃ **Publicación del servicio y generación del WSDL.** Tras desplegarlo en un servidor como WebLogic, el servicio queda accesible y el servidor crea el WSDL con operaciones, tipos y *endpoint*.
- ⊃ **Obtención del WSDL por el cliente.** El cliente accede al WSDL manualmente o con herramientas como ws mport, que generan los *stubs* para consumir el servicio.
- ⊃ **Generación y configuración del *stub*.** Desde el WSDL se crea un *stub* que actúa como *proxy* local, convirtiendo llamadas en mensajes SOAP y manejando el transporte.
- ⊃ **Invocación desde el cliente.** El cliente llama a un método del *stub,* que construye y envía un mensaje SOAP al servidor.
- ⊃ **Procesamiento en el servidor.** El contenedor desempaqueta el SOAP, ejecuta el método y devuelve el resultado.
- ⊃ **Construcción del mensaje de respuesta.** El servidor serializa el resultado en un SOAP y lo envía al cliente.
- ⊃ **Recepción y deserialización.** El *stub* recibe y deserializa la respuesta, entregando el valor como si fuera el retorno de una función local.

Este flujo permite que las aplicaciones en distintos lenguajes y plataformas se comuniquen mediante un protocolo común. El *stub* y los estándares como SOAP y WSDL aseguran la interoperabilidad sin perder precisión ni seguridad.

El proceso de comunicación entre el cliente y el servidor en un servicio web RPC sigue los siguientes **pasos:**

- ⊃ El servidor implementa el servicio y genera un WSDL que describe las operaciones disponibles.
- ⊃ El cliente consume el WSDL y genera automáticamente el *stub* utilizando herramientas como wsimport (Java).
- ⊃ El cliente invoca un método local a través del *stub,* que transforma la llamada en un mensaje SOAP.
- ⊃ El mensaje SOAP viaja mediante HTTP u otro protocolo hacia el servidor.

- ➲ El servidor recibe y procesa el mensaje, ejecutando el procedimiento correspondiente.
- ➲ El resultado es encapsulado en un mensaje SOAP de respuesta.
- ➲ El *stub* del cliente recibe la respuesta, la interpreta y entrega los datos como si fuera el resultado de un método local.

Flujo de ejecución típico en una arquitectura RPC

Representación gráfica del flujo de ejecución de una arquitectura RPC

2.3. Ventajas y limitaciones

La arquitectura RPC en los servicios web ofrece ventajas muy apreciadas en los entornos empresariales con alta formalidad e integración, pero presenta limitaciones frente a modelos como REST. Entre sus **ventajas** destacan:

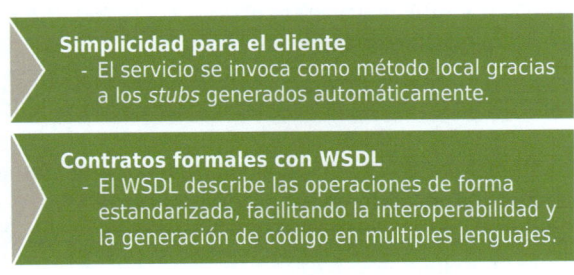

Continúa en página siguiente >>

<< Viene de página anterior

Fuerte tipado de datos
- Con XSD, los mensajes SOAP se validan según las estructuras definidas, reduciendo los errores y aumentando la robustez.

Alta interoperabilidad
- SOAP y WSDL son compatibles con la mayoría de las plataformas empresariales y cumplen los estándares exigidos en los entornos públicos.

Extensibilidad
- SOAP admite encabezados para añadir autenticación, transacciones, encriptación o trazabilidad con estándares WS-*.

Aunque presenta las ventajas enumeradas anteriormente, no hay que olvidarse de que tiene las siguientes **limitaciones:**

- **Mayor complejidad de implementación.** Definir WSDL, gestionar SOAP y mantener los contratos sincronizados aumenta la dificultad de desarrollo y mantenimiento.
- **Sobrecarga en los mensajes.** SOAP genera mensajes XML verbosos que pueden afectar el rendimiento en redes lentas.
- **Curva de aprendizaje más elevada.** Configurar el entorno, generar los *stubs,* manejar las excepciones y personalizar los *handlers* exige más conocimientos que REST.
- **Menor flexibilidad para servicios públicos o móviles.** Por su peso y complejidad, RPC no es ideal para su uso en móviles o API públicas que buscan simplicidad y un bajo acoplamiento.
- **Dependencia de herramientas y entornos específicos.** Suele requerir wsimport, servidores como WebLogic o *frameworks* de terceros, reduciendo la portabilidad.

La arquitectura RPC sigue siendo sólida para aquellos entornos que priorizan la formalidad, la estandarización y el control. En los escenarios que requieren de agilidad y simplicidad, es conveniente usar otras alternativas como RESTful.

APLICACIÓN PRÁCTICA

Andrés está analizando un enfoque de servicios para su aplicación y ha detectado que, aunque ofrece ciertas ventajas, presenta también varias limitaciones, como mayor complejidad de implementación, sobrecarga en los mensajes, curva de aprendizaje más elevada, menor flexibilidad para servicios públicos o móviles y dependencia de herramientas y entornos específicos.

¿Puedes indicarle a Andrés a qué especificación de las siguientes corresponde este conjunto de limitaciones?

- **REST**
- **RPC**
- **GraphQL**
- **WebSockets**

Solución

Estas limitaciones son típicas de los servicios diseñados bajo el enfoque RPC, especialmente cuando se usan sobre SOAP.

2.4. Herramientas comunes

En los servicios web RPC, las herramientas especializadas facilitan la generación de contratos, la creación de clientes, la validación de los mensajes, el despliegue y la gestión del ciclo de vida. Además, aseguran el cumplimiento de los estándares de interoperabilidad entre las aplicaciones distribuidas. Entre las **herramientas** usadas más habituales se encuentran:

- ⮑ **JAX-WS.** API Java para crear servicios web SOAP con anotaciones como @WebService y @WebMethod, compatible con WebLogic, Tomcat y GlassFish.
- ⮑ **Wsimport.** Herramienta del JDK que genera los *stubs* cliente desde un WSDL para consumir servicios web.
- ⮑ **SoapUI.** Aplicación para pruebas de servicios SOAP que permite el envío de mensajes, inspección de las respuestas y validación de estas.

- ⮞ **Apache CXF.** *Framework* para servicios SOAP y REST que integra JAX-WS/JAX-RS, soporta varios protocolos y funciona en contenedores como Tomcat.
- ⮞ **Oracle WebLogic Server.** Servidor empresarial con soporte JAX-WS, WS-Security y herramientas de administración, clúster y despliegue continuo.
- ⮞ **JAXB.** Mapea clases Java a XML y viceversa, facilitando la serialización y la deserialización en los servicios SOAP.
- ⮞ **HandlerChain/SOAPHandler.** Interceptan los mensajes SOAP en JAX-WS para su validación, análisis de la trazabilidad o la modificación de los encabezados.

IMPORTANTE

El desarrollo de los servicios web orientados a RPC se apoya en una infraestructura estandarizada que combina protocolos de comunicación (SOAP), descripciones estructuradas (WSDL, XSD) y herramientas de desarrollo robustas (JAX-WS, SoapUI, WebLogic).

----

3. Tipos de datos compatibles

HILO CONDUCTOR

Claudia y Sergio deben asegurar la correcta transmisión de los datos entre el cliente y el servidor usando tipos compatibles y serializables. Claudia definirá estructuras con XSD para SOAP y Sergio usará JSON en REST. Ambos practicarán con tipos primitivos y estructuras complejas en escenarios reales.

Al crear servicios web, es clave que los datos se transmitan e interpreten correctamente sin importar plataforma o lenguaje. Para ello se usan tipos compatibles, XML o JSON y estándares como XSD que aseguran unas estructuras válidas y compatibles.

3.1. Tipos de datos primitivos

Los tipos de datos primitivos son las unidades básicas de información que un lenguaje de programación utiliza para representar valores simples. Los **tipos primitivos** más comunes son:

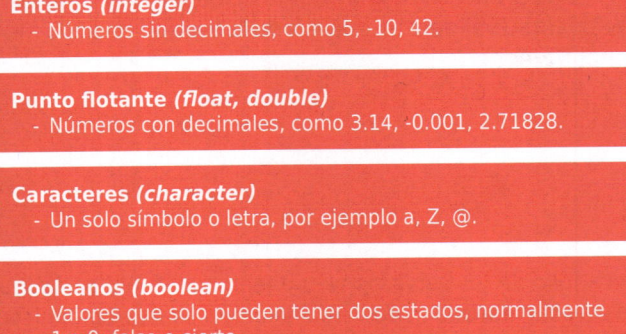

Enteros *(integer)*
- Números sin decimales, como 5, -10, 42.

Punto flotante *(float, double)*
- Números con decimales, como 3.14, -0.001, 2.71828.

Caracteres *(character)*
- Un solo símbolo o letra, por ejemplo a, Z, @.

Booleanos *(boolean)*
- Valores que solo pueden tener dos estados, normalmente 1 o 0; falso o cierto.

Cadenas de texto *(string)*
- Se realizan estrategias sobre las redes o medios Secuencias de caracteres que forman palabras o frases, como "Hola", "1234", "Logroño".

 **IMPORTANTE**

En los servicios SOAP, los datos se serializan atendiendo al esquema XSD. En REST, se representan habitualmente los datos usando JSON con menos formalidad.

3.2. Tipos complejos y estructuras anidadas

Los tipos complejos organizan los datos más allá de valores simples y facilitan el manejo de la información estructurada. Las estructuras anidadas permiten el uso de jerarquías para modelar las entidades con atributos y relaciones complejas. Esta flexibilidad ayuda a diseñar los sistemas robustos que reflejan la realidad. Los ejemplos más habituales de tipos complejos son:

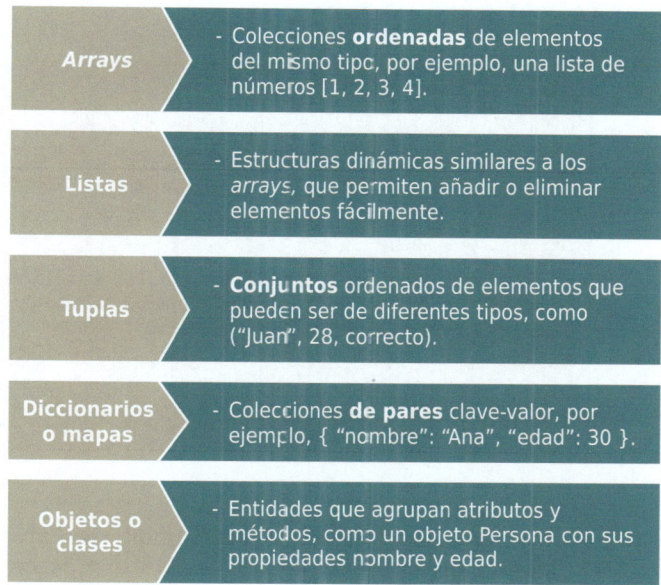

Arrays	- Colecciones **ordenadas** de elementos del mismo tipo, por ejemplo, una lista de números [1, 2, 3, 4].
Listas	- Estructuras dinámicas similares a los *arrays*, que permiten añadir o eliminar elementos fácilmente.
Tuplas	- **Conjuntos** ordenados de elementos que pueden ser de diferentes tipos, como ("Juan", 28, correcto).
Diccionarios o mapas	- Colecciones **de pares** clave-valor, por ejemplo, { "nombre": "Ana", "edad": 30 }.
Objetos o clases	- Entidades que agrupan atributos y métodos, como un objeto Persona con sus propiedades nombre y edad.

Las estructuras anidadas son aquellas en las que un tipo complejo contiene otro tipo complejo, creando una jerarquía o combinación de datos más elaborada. Esta anidación permite generar relaciones más complejas y mejores modelos de datos.

IMPORTANTE

Un objeto puede tener como atributo una lista de otros objetos o un *array* puede contener tuplas que a su vez incluyan diccionarios. Las estructuras anidadas son esenciales para organizar datos en aplicaciones modernas, facilitando la gestión de información relacionada y la implementación de funcionalidades avanzadas.

- -

Algunos ejemplos comunes de **estructuras anidadas** son:

Lista de listas
- Una lista que contiene otras listas, por ejemplo: [[1, 2], [3, 4], [5, 6]].

Continúa en página siguiente >>

<< Viene de página anterior

Objeto con atributos que son objetos
- Por ejemplo, un objeto Persona que tiene un atributo Dirección, que a su vez es otro objeto con propiedades calle, ciudad y código postal.

Diccionario con valores que son listas o diccionarios
- Como { "empleado": { "nombre": "Ana", "proyectos": ["A", "B", "C"] } }.

***Array* de tuplas**
- Un *array* donde cada elemento es una tupla que contiene datos heterogéneos, por ejemplo: [(1, "Juan"), (2, "María"), (3, "Luis")].

En aplicaciones reales es habitual el intercambio de datos compuestos como listas, *arrays* u objetos anidados. Estos tipos complejos se definen en XSD con *complexType* y en Java mediante clases con múltiples atributos.

3.3. Serialización y deserialización

La serialización convierte los objetos en formatos como JSON, XML o *bytes* para almacenarlos o transmitirlos, y la deserialización los recupera. Ambos procesos son clave en la comunicación entre sistemas, permitiendo transferir y guardar datos como configuraciones o sesiones.

 VÍDEO

En el siguiente vídeo puedes acceder a una explicación rápida sobre los conceptos de serialización y deserialización. Accede al vídeo desde aquí:

Continúa en página siguiente >>

<< Viene de página anterior

https://redirectoronline.com/ifcd031po0201

3.4. Validación con esquemas (XSD)

La validación con XSD garantiza que los XML cumplan las estructuras, tipos y reglas, asegurando la calidad y la consistencia. A diferencia de los DTD, valida la sintaxis y la semántica, facilitando la integración y asegurando la interoperabilidad de los servicios web.

La validación facilita la integración y comunicación entre distintas aplicaciones garantizando el intercambio de los datos.

3.5. Consideraciones clave

Al diseñar los tipos de datos para un servicio web, es clave respetar las buenas prácticas que afecten a la interoperabilidad, al rendimiento y a la fiabilidad. Ignorarlas puede causar errores, pérdida de datos o problemas de compatibilidad. Algunas consideraciones que deben tenerse en cuenta al definir y gestionar los datos que se intercambian en servicios web son:

- **Sensibilidad a mayúsculas y minúsculas.** XML y JSON distinguen entre mayúsculas y minúsculas, por lo que debe mantenerse consistencia en los identificadores para evitar errores de mapeo.
- **Codificación de caracteres.** Usar siempre UTF-8 para interpretar correctamente los caracteres especiales, acentos y símbolos, sobre todo en los entornos multilingües.
- **Valores nulos y opcionales.** En XSD, minOccurs="0" indica campos opcionales; en Java deben gestionarse para evitar NullPointerException y validar los obligatorios.
- **Formato de fechas/horas.** Utilizar ISO 8601 para evitar ambigüedades en zonas horarias y formatos locales.
- **Precisión numérica.** Elegir el tipo numérico correcto para evitar errores de redondeo o pérdida de precisión, especialmente en aplicaciones financieras o científicas.
- **Consistencia estructural.** El modelo de datos debe alinearse con el negocio, evitando campos innecesarios o usos múltiples que compliquen el mantenimiento.

Estas consideraciones son fundamentales para la calidad, la portabilidad y la robustez del servicio web. Aplicarlas desde la fase de diseño inicial reduce los errores en producción y mejora la integración.

3.6. Recomendaciones

El diseño y la gestión de los tipos de datos en un servicio web requiere planificación, uso de estándares y validación para garantizar el éxito de la integración. A continuación se presentan una serie de **recomendaciones clave** que deben tenerse en cuenta al trabajar con tipos de datos compatibles en el desarrollo de servicios web:

- **Definir el modelo de datos temprano.** Diseñarlo antes de implementar las operaciones, alineándolo con los requisitos y las estructuras XML o JSON, para evitar futuras refactorizaciones.
- **Usar XSD en SOAP.** Definir los esquemas XML para validar automáticamente los mensajes y cumplir las reglas acordadas.
- **Bibliotecas estándar de conversión.** Usar JAXB en SOAP y Jackson en REST para asegurar la compatibilidad y el mantenimiento.
- **Nombres y formatos claros.** Adoptar convenciones (camelCase) y formatos estándar para fechas, números y booleanos.
- **Documentar la estructura de los datos.** Acompañar WSDL o *endpoint* con descripciones, valores y ejemplos.
- **Pruebas de validación.** Validar XML y JSON con SoapUI, Postman o validadores, incluyendo pruebas negativas.

⊃ **Mantener la compatibilidad.** En los cambios, priorizar nuevos campos opcionales y controlar las versiones del servicio.

RECUERDA

Aplicar estas recomendaciones permite construir servicios web más estables, comprensibles y robustos, favoreciendo una integración fluida y sostenible en el tiempo con otras aplicaciones y sistemas.

3.7. Colecciones, *arrays* y listas

En los servicios web y en las aplicaciones, las colecciones permiten almacenar y manipular los datos de forma estructurada. Los *arrays* guardan los datos homogéneos a los que se necesita un acceso rápido por índice, mientras que las listas son flexibles y útiles para tamaños variables o cambios frecuentes.

Arrays

Un *array* es una estructura de datos de **tamaño fijo** que almacena una secuencia de elementos del mismo tipo. A cada elemento se accede mediante un índice numérico, comenzando generalmente desde cero.

EJEMPLO

```
// Declara un array de 5 enteros (índices del 0 al 4)
   int[] numeros = new int[5];
// Asigna el valor 10 al primer elemento del array
   numeros[0] = 10;
// Asigna el valor 20 al segundo elemento del array
   numeros[1] = 20;
```

Los *arrays* permiten un acceso rápido y eficiente por índice y consumen menos memoria gracias a su tamaño fijo. Son útiles si se conoce la cantidad de datos, pero no pueden redimensionarse. Gestionar los índices manualmente puede generar errores.

Listas

Una lista es una colección dinámica que puede aumentar o disminuir su tamaño durante la ejecución del programa. Permite almacenar los elementos en una secuencia ordenada y admite duplicados. Las listas son parte del entorno de trabajo de distintos lenguajes de programación, como Java, Python o C#.

 EJEMPLO

```java
// Se importa la clase ArrayList desde el paquete
java.util
import java.util.ArrayList;
public class EjemploLista {
   public static void main(String[] args) {
      // Creamos una lista de tipo String usando
ArrayList
      ArrayList<String> nombres = new ArrayList<>();
      // Añadimos elementos a la lista
      nombres.add("Eva");
      nombres.add("Roberto");
      // Se recorre la lista y se imprimen los nombres
      for (String nombre : nombres) {
         System.out.println(nombre);
      }
   }
}
```

ArrayList es una lista basada en *arrays* que permite un acceso rápido por índice, ideal para las lecturas frecuentes, pero sufre al insertar o eliminar en posiciones intermedias porque requiere desplazar elementos.

LinkedList, al estar enlazada, facilita las inserciones y eliminaciones rápidas, especialmente en los extremos, pero el acceso a un elemento específico es más lento porque hay que recorrer la lista desde el principio.

Ventajas e inconvenientes de las listas

Las listas pueden cambiar de tamaño durante la ejecución y ofrecen métodos para realizar operaciones comunes, pero consumen más memoria que los *arrays*. El acceso por índice en las listas enlazadas puede ser menos eficiente con grandes volúmenes o accesos aleatorios.

 **VÍDEO**

En el siguiente enlace se muestra cómo se pueden usar las listas, las colecciones y los *arrays*. Accede al vídeo desde aquí:

https://redirectoronline.com/ifcd031po0202

Buenas prácticas en el uso de colecciones

El uso correcto de las colecciones garantiza la eficiencia, la claridad y el buen mantenimiento del código. Un uso inadecuado puede generar problemas de rendimiento, errores lógicos o dificultar la escalabilidad. Algunas buenas prácticas que todo desarrollador debiera tener en cuenta al trabajar con colecciones, *arrays* y listas son:

- **Elegir la estructura adecuada.** Usar *array* para acceso rápido y tamaño fijo o listas como ArrayList/LinkedList para asegurar la flexibilidad.
- **Usar interfaces.** Declarar con interfaces (List, Set) en lugar de implementaciones para facilitar los cambios y reducir el acoplamiento.

⊃ **Evitar modificaciones innecesarias.** No modificar colecciones mientras se iteran; usar iteradores o colecciones seguras para los hilos.

⊃ **Liberar recursos.** Eliminar las referencias o asignar *null* para que el recolector libere memoria en grandes volúmenes de datos.

⊃ **Uso de genéricos.** Aplicar genéricos (List, Set) para la seguridad de los tipos y usar colecciones concurrentes en los entornos sensibles.

⊃ **Medir el rendimiento.** Perfilar o hacer pruebas de estrés para detectar cuellos de botella y optimizar el servicio.

 **RECUERDA**

El uso responsable de las colecciones no se limita únicamente a conocer sus funcionalidades, sino a aplicar los criterios de diseño, eficiencia y seguridad que garanticen un desarrollo profesional y sostenible de las aplicaciones.

3.8. Consideraciones de compatibilidad

En el desarrollo de los servicios web, es clave garantizar la calidad, la estabilidad y la escalabilidad asegurando la compatibilidad entre los componentes y las versiones. Su ausencia puede causar errores, fallos de integración o comportamientos inesperados. Las principales **consideraciones** que deben tenerse en cuenta para asegurar la compatibilidad en el uso de colecciones y estructuras de datos en los entornos web son:

⊃ **Compatibilidad entre versiones del lenguaje.** Verificar que la versión del lenguaje y la JVM soportan funciones modernas de colecciones como ordenación o *streams*.

⊃ **Compatibilidad entre *frameworks* y bibliotecas.** Asegurar que las colecciones son compatibles con API y fijar versiones de dependencias con Maven, Gradle o npm para evitar conflictos.

⊃ **Compatibilidad cliente-servidor.** Serializar las colecciones en formatos entendibles por el cliente, como enviar List<String> en Java como *array* JSON.

⊃ **Portabilidad.** Usar clases estándar y evitar implementaciones dependientes de SO o *hardware* para mantener la portabilidad.

⊃ **Retrocompatibilidad.** Mantener API, firmas y estructuras públicas para no romper la funcionalidad en los entornos empresariales.

Una buena gestión de la compatibilidad previene los errores, mejora la experiencia de integración, reduce las incidencias y aumenta la confiabilidad. En los servicios web interoperables, es clave considerar el impacto global del diseño.

 ACTIVIDAD COMPLEMENTARIA

2. Reflexiona sobre los posibles problemas de compatibilidad que pueden surgir al intercambiar datos entre diferentes lenguajes de programación a través de un servicio web.
   Piensa en aspectos como el uso de tipos de datos, el formato de fechas, las convenciones de nombres o el control de versiones.

4. Creación de servicios con WebLogic

 HILO CONDUCTOR

Claudia y Sergio han decidido aprender a desarrollar y a desplegar servicios en Oracle WebLogic Server. Comenzarán configurando el entorno del servidor, seleccionarán un entorno de desarrollo y las bibliotecas JAX-WS necesarias. Ambos descubrirán que WebLogic permite administrar el ciclo de vida del servicio desde su consola sin interrumpir el servidor.

Oracle WebLogic Server es un servidor empresarial de aplicaciones Java EE reconocido por su robustez, escalabilidad, *clustering* e integración con los servicios de Oracle. Ofrece un entorno seguro para implementar servicios web SOAP y REST con soporte para JAX-WS, JAX-RS, *servlets,* JSP, EJB y JMS.

4.1. Preparación del entorno

Antes de desarrollar los servicios web en WebLogic, es esencial contar con un entorno configurado con el servidor y con las herramientas para compilar, empaquetar y desplegar el servicio. Una buena preparación asegura el funcionamiento, el mantenimiento y la compatibilidad de este. La configuración básica del entorno implica la instalación de los siguientes **elementos:**

Instalación de Oracle WebLogic Server
- Se realiza a través del instalador oficial, habitualmente junto con Oracle Fusion Middleware.

JDK requerido
- Se recomienda instalar una versión compatible con la edición de WebLogic utilizada (JDK 11 o JDK 17).

Dominio WebLogic
- Un dominio es una unidad lógica de administración de servidores, aplicaciones y recursos. Puede contener un servidor de administración *(admin server)* y múltiples servidores gestionados *(managed servers)*.

Consola de administración
- WebLogic dispone de una consola web (http://localhost:7001/console) que permite gestionar aplicaciones, recursos y configuraciones de forma centralizada.

PARA SABER MÁS

En el siguiente tutorial puedes aprender sobre la instalación de Weblogic en Ubuntu. Accede desde aquí:

https://redirectoronline.com/ifcd031po0203

4.2. Creación de un servicio web con WebLogic

La creación de un servidor web en WebLogic es un elemento fundamental para desplegar las aplicaciones y los servicios, permitiendo configuraciones flexibles tanto para el desarrollo como para la producción. Cada servidor gestiona un ciclo de vida, sus recursos y su seguridad y puede integrarse en diversos clústeres. Se crea dentro de un dominio y se configura por consola o con WLST, definiendo un nombre, el puerto, la red y las políticas de seguridad.

4.3. Gestión del ciclo de vida de los servicios

Tras desplegar los servicios usando WebLogic, es clave gestionar su ciclo de vida con herramientas para iniciarlos, detenerlos o actualizarlos sin reinicios, manteniendo una alta disponibilidad. La administración por consola, WLST o API permite llevar a cabo los cambios seguros, la monitorización y una correcta respuesta a las incidencias, mejorando el rendimiento y garantizando su integración continua.

Entre las distintas acciones que se pueden llevar a cabo desde la consola de administración o mediante *scripts* WLST (WebLogic Scripting Tool) se encuentran:

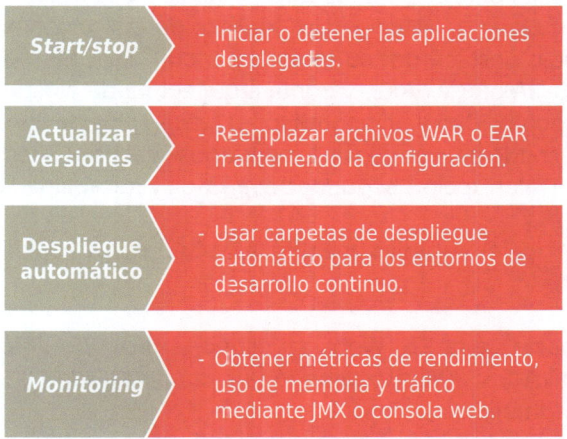

Start/stop - Iniciar o detener las aplicaciones desplegadas.

Actualizar versiones - Reemplazar archivos WAR o EAR manteniendo la configuración.

Despliegue automático - Usar carpetas de despliegue automático para los entornos de desarrollo continuo.

Monitoring - Obtener métricas de rendimiento, uso de memoria y tráfico mediante JMX o consola web.

IMPORTANTE

En los entornos empresariales, proteger los servicios web es clave. WebLogic ofrece la autenticación por roles, el cifrado SSL, diferentes certificados de seguridad, WS-Security y filtros para API REST, adaptándose a cada proyecto y cumpliendo las normativas vigentes.

Integración con otros servicios y herramientas

En el entorno empresarial, la integración entre los servicios web y otros sistemas es clave. WebLogic, con su arquitectura modular y sus estándares abiertos, conecta con bases de datos, ERP, CRM, API y plataformas de despliegue continuo, integrando JDBC, JMS, JPA y JNDI, y siendo compatible con Eclipse, Maven, Docker y Kubernetes.

4.4. Ventajas de usar WebLogic en los servicios web

En aquellos entornos en los que la fiabilidad, la escalabilidad y la seguridad son clave, la elección del servidor de aplicaciones es determinante. WebLogic destaca por su integración con Java EE, por su soporte para JAX-WS, JAX-RS y JAXB, y por la arquitectura de clúster que asegura una alta disponibilidad y un control total. A diferencia de las soluciones ligeras, está diseñado para su uso en los entornos críticos que requieren de despliegues sin interrupción, seguridad avanzada y trazabilidad completa.

Las principales **ventajas** que ofrece WebLogic al trabajar con servicios web son:

- **Soporte Java EE.** WebLogic soporta JAX-WS, JAX-RS, EJB, *servlets,* JSP, JMS y JPA, asegurando la interoperabilidad y la migración entre servidores.
- **Alta disponibilidad y escalabilidad.** Ofrece *clustering,* balanceo, replicación de sesiones y escalado horizontal sin interrumpir la producción.
- **Gestión centralizada.** Incluye la consola web y WLST para automatizar las tareas y facilitar su mantenimiento.
- **Seguridad empresarial.** Integra la autenticación, la autorización, el cifrado y la firma digital con SSL/TLS, WS-Security y JAAS.

⟳ **Integración amplia.** Compatible con soluciones Oracle y de terceros vía JDBC, JNDI y adaptadores.

⟳ **Rendimiento y soporte.** Optimiza la respuesta con cachés, *pools* y multihilo, y ofrece soporte profesional y actualizaciones.

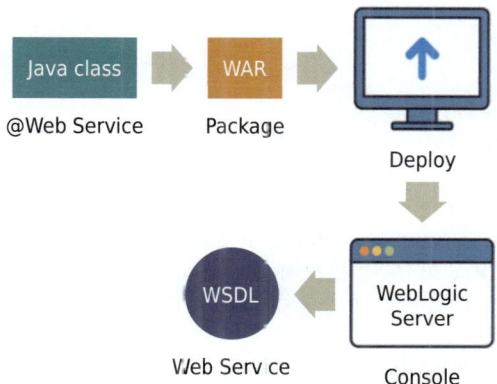

Representación del proceso de despliegue de un servicio web
en WebLogic desde una clase Java hasta el servicio web WSDL

5. *Handlers* de mensajes

 HILO CONDUCTOR

Claudia y Sergio aprenderán a usar los *handlers* para añadir nuevas funciones sin alterar la lógica central. Claudia creará un *logical handler* que validará el cuerpo XML con XSD y Sergio creará un SOAP *handler* que añada un token de autenticación. Ambos descubrirán cómo pueden interceptarse, modificarse y registrarse los mensajes con gran flexibilidad.

En los servicios web, los *handlers* permiten interceptar, modificar y analizar los mensajes sin alterar el núcleo, facilitando su auditoría, validación o autenticación. En SOAP con JAX-WS, se puede tener el control sobre los mensajes XML para desarrollar personalizaciones específicas.

RECUERDA

Un *handler* permite insertar lógica adicional en el ciclo de vida del mensaje SOAP. Es útil para añadir una autenticación personalizada, firmar mensajes, registrar información de auditoría o modificar encabezados SOAP en tiempo real.

5.1. Funcionamiento de los *handlers*

Los *handlers* se integran en el ciclo de vida de los mensajes de un servicio web para interceptar, examinar o registrar las solicitudes y las respuestas. Actúan como filtros que permiten aplicar funciones transversales sin modificar el código del servicio o cliente.

En los servicios SOAP desarrollados con JAX-WS (Java API for XML Web Services), los *handlers* se dividen en dos grandes **categorías:**

Logical handlers	- Operan sobre el contenido lógico del mensaje, es decir, el cuerpo XML ya interpretado por el *framework*.
SOAP handlers	- Trabajan a un nivel más bajo, accediendo directamente al mensaje SOAP completo (incluyendo encabezados, cuerpo y estructura).

El funcionamiento de los *handlers* se basa en el patrón de diseño interceptor, donde cada *handler* de la cadena puede decidir si continúa el procesamiento o detiene la ejecución en caso de error o condición especial. Esta cadena se aplica tanto en el cliente como en el servidor, en el siguiente orden:

➲ En una solicitud del cliente:

Client Handler Chain → Request Message → Server Handler Chain → Servicio

➲ En una respuesta del servidor:

Servicio → Server Handler Chain → Response Message → Client Handler Chain

Cada *handler* puede usar distintos métodos como handleMessage(), handleFault() y close() para gestionar los mensajes, los errores o liberar recursos. En el servicio deben declararse con anotaciones como @HandlerChain o mediante los archivos handler-chain.xml que definen su orden y tipo.

 **VÍDEO**

En el siguiente video se muestra el funcionamiento de los *handlers.* Accede al vídeo desde aquí:

https://redirectoronline.com/ifcd031po0204

5.2. Tipos de *handlers*

En JAX-WS, los *handlers* interceptan los mensajes para aplicar la lógica personalizada. Pueden ser *logical handlers,* que operan sobre el contenido XML, o SOAP *handlers,* que manipulan toda la estructura SOAP, según la intervención necesaria.

Logical handlers

Los *logical handlers* procesan solo el cuerpo lógico de un mensaje SOAP como XML, usando la interfaz LogicalHandler<LogicalMessageContext>. Permiten transformar, validar o registrar los datos sin afectar a los aspectos técnicos del protocolo. Entre las ventajas del uso de *logical handlers* se encuentran:

Simplicidad	- Los *logical handlers* interceptan los mensajes SOAP sin alterar la lógica de negocio, configurándose fácilmente y aislando tareas como validación o auditoría.
Seguridad de formato	- Pueden validar los mensajes contra esquemas XML o políticas de seguridad para garantizar su integridad y consistencia.
Eficiencia	- Centralizan las tareas comunes, filtran los mensajes inválidos y, bien diseñados, tienen un bajo impacto en el rendimiento.

Los *logical handlers* permiten modificar el cuerpo de un mensaje SOAP sin cambiar su estructura, para transformar XML, validar contra XSD o extraer datos. Son preferibles si no se manipulan las cabeceras y añaden una parte lógica sin afectar al servicio, mejorando la claridad y permitiendo su reutilización.

SOAP *handlers*

Los SOAP *handlers* procesan los mensajes SOAP completos, incluyendo *envelope, headers* y *body,* operando a nivel de protocolo para un mayor control estructural y de transporte. En Java usan la interfaz SOAPHandler<SOAPMessageContext> para acceder a SOAPMessage, permitiendo la auditoría, la modificación de los encabezados, los metadatos y la seguridad WS-Security.

Los SOAP *handlers* tienen un control total sobre los mensajes SOAP, permitiendo las reglas personalizadas, la validación, la seguridad y la gestión central de los errores. Mediante el uso de javax.xml.soap, se facilita el manejo de las cabeceras, la auditoría y la adaptación del contenido para asegurar la trazabilidad y la interoperabilidad.

 TAREA 2

Lucía está desarrollando un servicio web para una tienda de libros *online.* Uno de los métodos del servicio devuelve una colección de libros disponibles. Al

Continúa en página siguiente >>

<< Viene de página anterior

programarlo, duda entre utilizar un *array* estático, una lista dinámica o una colección genérica. Además, debe asegurarse de que los datos puedan ser correctamente serializados y consumidos por otras plataformas.

¿Puedes ayudar a Lucía a decidir cué tipo de estructura es mejor, *array* o lista, creándole un ejemplo de cada una de ellas introduciendo tres libros? ¿Qué estructura le recomiendas que utilice?

5.3. Consideraciones importantes

Los *handlers* ofrecen flexibilidad para añadir seguridad, auditoría, validación o transformación de mensajes, pero requieren de cierto cuidado para evitar los impactos sobre el rendimiento, la interoperabilidad o el mantenimiento. Un mal uso puede romper los mensajes o afectar a la lógica del servicio. Entre los **aspectos** más relevantes que tener en cuenta destacan:

- **Orden y cadena.** Los *handlers* se ejecutan según el orden en handlerchain.xml; los críticos, como la autenticación, deben ir primero.
- **Evitar cambios destructivos.** Modificar SOAPBody o eliminar las cabeceras puede romper la val dación: debe hacerse solo conociendo el WSDL.
- **handleMessage().** Debe devolver *true* para continuar; *false* interrumpe el flujo. Útil para filtros, pero con riesgo si se usa sin control.
- **handleFault().** Se ejecuta ante errores; debe usarse para registrar, personalizar respuestas o recuperar.
- **Rendimiento.** Evitar la lógica pesada en los *handlers;* deben reservarse para tareas livianas.
- **Compatibilidad.** Al añadir cabeceras personalizadas, se debe asegurar que otros clientes (.NET, Python) puedan interpretarlas.
- **Depuración.** Usar SoapUI, Wireshark o la consola de WebLogic para probar las entradas, las salidas y los fallos.

6. Resumen

Los servicios web permiten que las aplicaciones de distintos lenguajes se comuniquen gracias a los protocolos como SOAP y los formatos XML o

JSON. La arquitectura RPC invoca las funciones remotas como locales, priorizando la validación, la trazabilidad y la seguridad.

Los servicios web orientados a RPC se estructuran en torno a varios componentes esenciales:

Los tipos de datos primitivos son las unidades básicas de información que un lenguaje de programación utiliza para representar valores simples. Los tipos primitivos más comunes son:

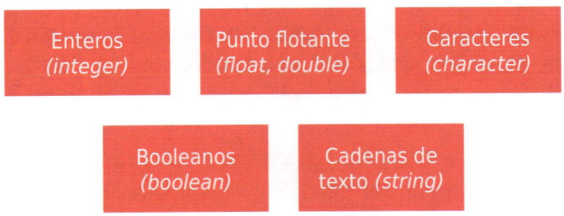

Los ejemplos más habituales de tipos complejos son:

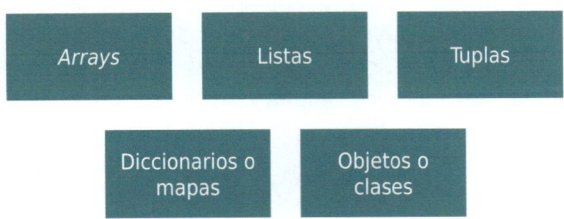

Oracle WebLogic Server es un servidor empresarial que facilita la implementación de los servicios web SOAP y REST con soporte para JAX-WS, JAX-RS, *servlets,* JSP, EJB y JMS. Los *handlers* interceptan, modifican o registran las solicitudes y las respuestas del ciclo de vida de los mensajes.

Ejercicios de autoevaluación
Unidad de Aprendizaje 2

1. Indica si las siguientes afirmaciones son verdaderas o falsas:

a. El desarrollo de los servicios web es una etapa secundaria en el ciclo de vida de las aplicaciones distribuidas.

- Verdadero
- Falso

b. La arquitectura orientada a procedimientos remotos (RPC) permite exponer funciones del servidor como servicios invocables desde clientes remotos.

- Verdadero
- Falso

c. El uso de servidores de aplicaciones como WebLogic no se contempla en la implementación de servicios web.

- Verdadero
- Falso

d. En los servicios web, el tratamiento de los tipos de datos compatibles entre cliente y servidor es un aspecto técnico relevante.

- Verdadero
- Falso

2. ¿Cuál de los siguientes elementos actúa como contrato formal que define las operaciones de un servicio web RPC?

a. JSON
b. *Stub* del cliente
c. WSDL
d. SOAP *handlers*

3. ¿Cuál es una limitación típica del modelo RPC frente a REST?

    a. Menor interoperabilidad
    b. Mayor formalidad en contratos
    c. Mayor ligereza y simplicidad
    d. Mayor trazabilidad

4. ¿Qué formato se usa comúnmente para representar los datos en los servicios REST de forma más ligera?

    a. XSD
    b. XML
    c. SOAP
    d. JSON

5. ¿Qué característica distingue a los tipos complejos de los primitivos?

    a. Permiten manejar solo cadenas de texto.
    b. Agrupan múltiples datos relacionados.
    c. No se pueden usar con XML.
    d. Solo se usan en *handlers* SOAP.

6. ¿Cuál es la utilidad principal de la deserialización?

    a. Comprimir mensajes antes de enviarlos.
    b. Convertir objetos serializados en estructuras utilizables.
    c. Transformar JSON en SOAP.
    d. Cifrar los datos para la transmisión.

7. ¿Qué puede provocar un diseño incorrecto de los tipos de datos en un servicio web?

    a. Mejora del rendimiento
    b. Reducción de errores en producción
    c. Fallos en la interoperabilidad
    d. Mayor compatibilidad entre navegadores

8. ¿Cuál es una desventaja de las listas frente a los *arrays?*

    a. No admiten valores duplicados.
    b. No pueden cambiar ce tamaño.
    c. Consumen más memoria por su estructura interna.
    d. Solo se pueden usar en Java.

9. ¿Qué permite WebLogic sin necesidad de reiniciar el servidor completo?

    a. Compilar clases.
    b. Crear nuevos *handlers.*
    c. Desplegar y actualizar servicios.
    d. Instalar *plugins* de terceros.

10. ¿Qué función principal tiene un *handler* en un servicio web?

    a. Validar datos antes de compilarlos.
    b. Interceptar y modificar mensajes SOAP.
    c. Crear nuevos *endpoints* automáticamente.
    d. Cifrar los archivos de configuración.

Invocación de servicios web

Contenido

Objetivos

El objetivo general de esta Unidad de Aprendizaje es:

→ Aplicar técnicas de invocación de servicios web, evaluando ventajas y casos de uso para integrarlos de forma eficiente y segura.

Los objetivos específicos de esta Unidad de Aprendizaje son:

→ Identificar los distintos tipos de acceso a los servicios web y analizar los factores que influyen en la elección del mecanismo atendiendo al contexto del cliente y del servicio.

→ Diferenciar y aplicar los mecanismos de invocación mediante un *stub* estático, un *proxy* dinámico y la interfaz de invocación dinámica (DII), reconociendo sus características, sus ventajas y sus inconvenientes.

→ Reconocer la importancia que tiene la seguridad en la invocación de los servicios web e implementar las medidas necesarias para garantizar la autenticidad, la integridad y la confidencialidad de las comunicaciones.

→ Analizar y reflexionar sobre las ventajas e inconvenientes de utilizar un *proxy* dinámico en un servicio web, desarrollando la capacidad de evaluar su idoneidad en diferentes escenarios.

1. Introducción

La invocación de servicios web permite a clientes y servicios intercambiar información y ejecutar operaciones remotas de forma interoperable entre plataformas. Para ello se emplean técnicas como *stubs* estáticos, *proxys* dinámicos o DII, basadas en estándares como WSDL. También es clave asegurar autenticación, integridad y confidencialidad para proteger las comunicaciones.

Claudia y Sergio quieren aprender a invocar los servicios web usando *stubs* estáticos mediante llamadas rápidas. Sergio se va a centrar en la prueba de los *proxys* dinámicos y la DII, incluyendo la seguridad mediante los tokens, las firmas y el protocolo HTTPS para asegurar la interoperabilidad y la protección de los datos. Ambos aprenderán que invocar un servicio requiere un buen desarrollo y un diseño cuidadoso.

2. Tipos de acceso

☞ **HILO CONDUCTOR**

Claudia y Sergio están consumiendo sus servicios web y se han dado cuenta de que el tipo de acceso influye en la flexibilidad, el rendimiento y el mantenimiento. Claudia usará los *stubs* estáticos para los servicios estables, mientras que Sergio probará el *proxy* dinámico y la DII para los servicios cambiantes, aunque con más recursos y complejidad. Ambos descubrirán que la elección depende de la estabilidad, las herramientas y las necesidades de seguridad e interoperabilidad del servicio.

- -

El consumo de los servicios web es un elemento clave en las arquitecturas distribuidas, permitiendo a las aplicaciones cliente interactuar con los servicios remotos. El desarrollador debe decidir el mecanismo de invocación que usará el cliente para comunicarse con el servidor.

IMPORTANTE

La elección del tipo de acceso es una decisión clave en el diseño e implementación de un cliente de servicios web, ya que determina la manera en la que la aplicación se comunicará con el servicio remoto y qué grado de flexibilidad, acoplamiento, rendimiento y seguridad tendrá dicha interacción.

- -

El tipo de acceso elegido debe responder a una evaluación consciente de varios **factores:**

- **Nivel de acoplamiento.** Define la dependencia del cliente respecto a la definición del servicio. Un acoplamiento fuerte facilita el desarrollo y la validación, pero dificulta los cambios; uno débil ofrece más flexibilidad.
- **Rendimiento y consumo de recursos.** El tipo de acceso influye en la eficiencia: los estáticos son más rápidos al tener código generado; los dinámicos consumen más recursos al analizar el WSDL en tiempo de ejecución.
- **Complejidad de desarrollo y mantenimiento.** Los estáticos simplifican el desarrollo en los servicios estables; los dinámicos requieren más conocimiento, pero se adaptan mejor a los servicios cambiantes.
- **Herramientas y plataformas disponibles.** La elección depende del soporte de lenguaje o *framework* y de las herramientas para generar los *stubs,* los *proxys* o las API dinámicas.
- **Seguridad e interoperabilidad.** Algunos mecanismos ofrecen un mayor control de los mensajes, facilitando las medidas de seguridad y garantizando la interoperabilidad en las plataformas heterogéneas.

PARA SABER MÁS

En el siguiente artículo se explican las diferencias clave entre los *proxys* estáticos y dinámicos, casos de uso y recomendaciones, incluyendo ventajas e inconvenientes de cada uno. Accede desde aquí:

Continúa en página siguiente >>

<< Viene de página anterior

https://redirectoronline.com/ifcd031po0301

2.1. La importancia del tipo de acceso

Elegir el tipo de acceso a un servicio web influye en la flexibilidad, la eficiencia, el mantenimiento y la seguridad. El *stub* estático ofrece un desarrollo sencillo y una validación temprana, pero depende de la definición del servicio. El *proxy* dinámico y la DII son más flexibles y se adaptan a los cambios, aunque con mayor complejidad y consumo. Los accesos estáticos son más rápidos y simples en los servicios estables; los accesos dinámicos requieren de un mayor conocimiento, pero ofrecen una mejor adaptabilidad. La elección debe valorar las plataformas, el soporte y las necesidades de seguridad e interoperabilidad.

El control del acceso evita los ataques desde el exterior

El tipo de acceso debe alinearse con los objetivos del proyecto considerando estabilidad, acoplamiento, rendimiento, herramientas, mantenimiento y seguridad. Una buena elección permitirá desarrollar un cliente adaptado a las necesidades y con mayores garantías de éxito en los entornos distribuidos.

2.2. Factores que considerar

La elección del tipo de acceso a un servicio web influye en su calidad, rendimiento y mantenibilidad. Para decidir, es clave analizar los factores que determinan las características y viabilidad de cada enfoque. A continuación, se describen los principales **factores** que considerar:

- **Estabilidad del servicio.** Si la interfaz es estable, conviene usar un *stub* estático; si cambia constantemente, es mejor un *proxy* dinámico o DII para evitar la recompilación.
- **Grado de acoplamiento.** Un acoplamiento fuerte detecta los errores al compilar, pero limita los cambios; uno débil ofrece mayor flexibilidad, pero complica el código y lo valida en el proceso de ejecución.
- **Flexibilidad requerida.** Los servicios definidos o descubiertos dinámicamente requieren de mecanismos dinámicos para adaptarse sin necesidad de regenerar el código.
- **Rendimiento y consumo de recursos.** El acceso estático es más rápido y eficiente; el dinámico consume más recursos al generar y validar en tiempo de ejecución.
- **Herramientas y plataformas disponibles**. Lenguaje y *framework* influyen: Java y .NET facilitan *stubs* y *proxys;* Python y PHP usan clientes dinámicos o solicitudes directas.

2.3. Categorías generales de acceso

Los mecanismos de invocación de los servicios web se clasifican según el momento en el que se genera la lógica de comunicación, el grado de automatización y la flexibilidad para el cliente. Conocer estas categorías ayuda a elegir el enfoque más adecuado. Se pueden distinguir tres categorías principales de acceso:

- **Generación previa del cliente.** En este enfoque, el cliente se genera en tiempo de desarrollo a partir del WSDL creando *stubs* que permiten invocar el servicio como métodos locales.

  - ◐ **Características:**

    - ⇕ Acoplamiento fuerte con la definición del servicio.
    - ⇕ Código fuertemente tipado y validado en compilación.
    - ⇕ Requiere servicio estable, ya que los cambios obligan a regenerar el cliente.
    - ⇕ Ideal cuando el servicio está bien definido y cambia poco.

○ **Generación dinámica en tiempo de ejecución.** El cliente se genera en tiempo de ejecución analizando la definición del servicio y construyendo en memoria la lógica de invocación.

  ○ **Características:**

    ⇕ Mayor flexibilidad y adaptación a cambios sin recompilar.
    ⇕ Permite invocar servicios descubiertos dinámicamente.
    ⇕ Mayor consumo de recursos al procesar en tiempo real.
    ⇕ Adecuado cuando los servicios cambian o se descubren en ejecución.

○ **Invocación manual o directa.** El cliente construye y envía manualmente los mensajes SOAP o HTTP, sin generar clases cliente automáticas. Asociado a DII o en consumo directo de RESTful.

  ○ **Características:**

    ⇕ Máximo control sobre mensajes y protocolo.
    ⇕ Sin validaciones automáticas, requiere más conocimiento técnico.
    ⇕ Útil en pruebas, diagnósticos o integración con servicios no convencionales.

 **RECUERDA**

Elegir el tipo de acceso no es simplemente una cuestión técnica, sino una decisión estratégica que depende de los objetivos del proyecto, la estabilidad del servicio, las necesidades de mantenimiento y la infraestructura disponible.

 **APLICACIÓN PRÁCTICA**

Ana está diseñando una aplicación que debe realizar un gran número de peticiones a un servicio web en muy poco tiempo. El objetivo principal de su proyecto es que la aplicación sea lo más rápida y eficiente posible en cuanto a uso de memoria y procesador, ya que se desplegará

Continúa en página siguiente >>

<< Viene de página anterior

en un entorno con recursos limitados y con alta demanda de usuarios simultáneos.

¿Puedes indicarle a Ana cuál de los siguientes factores es el más relevante que debe considerar al elegir el tipo de acceso a un servicio web?

- **Nivel de acoplamiento**
- **Rendimiento y consumo de recursos**
- **Complejidad de desarrollo y mantenimiento**
- **Herramientas y plataformas disponibles**

Solución

La prioridad es que la aplicación sea rápida y eficiente, con un consumo mínimo de recursos, ya que trabaja en un entorno con limitaciones y alta concurrencia.

El factor clave aquí es el rendimiento y consumo de recursos, porque no todos los tipos de acceso tienen el mismo coste:

- Un *proxy* estático suele ser más rápido y ligero, ya que el cliente está precompilado.
- Un *proxy* dinámico o un cliente HTTP interpretado en tiempo de ejecución consumen más CPU y memoria y pueden ralentizar el procesamiento.
- Por tanto, para maximizar la eficiencia, debe elegir el tipo de acceso que ofrezca mejor rendimiento en su escenario concreto.

---

3. Invocación mediante *stub* estático

 HILO CONDUCTOR

Claudia y Sergio van a probar la invocación con un *stub* estático en su entorno estable. Claudia ha generado las clases cliente con wsimport y Sergio las ha utilizado para instanciar el *stub,* llamar a las operaciones y recibir las respuestas como objetos Java. Valoran su simplicidad, tipado y buen rendimiento, aunque reconocen su rigidez y la necesidad de regenerarlo ante cualquier cambio que lleven a cabo en el servidor.

La invocación con un *stub* estático es habitual en los entornos estables y consiste en generar, desde el WSDL, clases cliente con la lógica de comunicación. Estos *stubs* actúan como intermediarios, permitiendo invocar los métodos como locales mientras construyen, envían y procesan mensajes SOAP o HTTP.

3.1. Funcionamiento de *stub*

El *stub* oculta la complejidad de los protocolos, permitiendo interactuar con el servicio mediante los métodos locales que gestionan las solicitudes y las respuestas. Entender su funcionamiento ayuda a valorar ventajas, limitaciones y su uso en proyectos donde priman estabilidad y eficiencia. A continuación se detalla su funcionamiento paso a paso:

- **Generación del *stub*.** Durante la etapa de desarrollo, el desarrollador usa herramientas como wsimport o svcutil para analizar el servicio y generar el código cliente con:

  - Interfaces o clases que representan las operaciones.
  - Métodos que encapsulan la construcción, envío y procesamiento de mensajes SOAP o HTTP.

- **Integración en la aplicación.** El código generado se añade al proyecto y el cliente crea una instancia del *stub* como objeto local.
- **Invocación de métodos.** El *stub* construye el mensaje con los parámetros, lo envía a la URL del servicio y recibe la respuesta.
- **Procesamiento de la respuesta.** El *stub* convierte la respuesta en un objeto utilizable o lanza una excepción si ocurre un error.

IMPORTANTE

Al estar generados previamente, los *stubs* tienen un conocimiento completo de la estructura del servicio: qué operaciones expone, qué parámetros reciben y devuelven, los tipos de datos y las posibles excepciones. Esto hace que el código sea fuertemente tipado y más fácil de mantener mientras que el servicio no cambie.

3.2. Ventajas e inconvenientes del uso de *stub*

Usar un *stub* para invocar a los servicios web tiene ventajas y limitaciones que deben evaluarse para decidir si el *stub* estático es adecuado según el servicio y los requisitos de mantenimiento, flexibilidad y rendimiento. Entre las **ventajas** destacan:

Simplicidad en el desarrollo
- El *stub* simplifica la programación al permitir llamar al servicio como métodos locales, sin gestionar protocolos ni formatos de mensajes.

Código fuertemente tipado
- Al generarse desde el WSDL, el *stub* define y valida operaciones y parámetros, facilitando detectar errores al compilar y mejorando la robustez.

Mayor productividad
- El *stub* oculta la complejidad de SOAP/HTTP, permitiendo centrarse en la lógica de negocio y acortar el desarrollo.

Rendimiento eficiente en ejecución
- Al generarse y optimizarse en desarrollo, el cliente invoca el servicio de forma rápida y ligera, sin analizar el WSDL ni construir la interfaz en ejecución.

Menor propensión a errores
- La generación automática de clases y manejo de mensajes reduce errores comunes de codificación manual en solicitudes y respuestas.

Pese a sus beneficios, el uso de un *stub* tiene limitaciones ligadas a su rigidez y dependencia de la definición del servicio en el momento de su generación. Entre los **aspectos negativos** destacan:

Falta de flexibilidad
- El *stub* estático depende de la definición del servicio; si esta cambia, hay que regenerarlo y recompilar el cliente.

Continúa en página siguiente >>

<< Viene de página anterior

Dependencia de herramientas externas
- Generar el *stub* requiere herramientas que interpreten el WSDL, lo que puede dificultar la integración en algunos entornos o lenguajes con poco soporte.

Acoplamiento fuerte al servicio
- El cliente depende de la versión del servicio, lo que complica el mantenimiento si es gestionado por terceros o cambia a menudo.

Limitación en escenarios dinámicos
- No es apto para entornos con servicios dinámicos, ya que el cliente generado no puede adaptarse en tiempo real a servicios desconocidos.

3.3. Herramientas habituales

Las plataformas de desarrollo ofrecen herramientas para automatizar la interpretación del WSDL, la generación del código y la configuración de la comunicación, simplificando el trabajo y reduciendo los errores. Conocer las opciones disponibles en cada entorno ayuda a elegir la más adecuada y aprovechar sus capacidades. Algunas de las más comunes son:

- **wsimport.** Herramienta del JDK compatible con JAX-WS que genera *stubs* estáticos desde un WSDL para integrarlos en la aplicación.
- **Apache CXF.** Potente *framework* para crear y consumir servicios SOAP y REST. Incluye herramientas como wsdl2java para generar código cliente desde un WSDL.
- **Apache Axis/Axis2.** Predecesor de CXF, que permite generar clientes desde WSDL (WSDL2Java), aunque actualmente se usa menos que CXF.
- **SAAJ (SOAP with Attachments API for Java).** API de bajo nivel que permite construir y enviar manualmente mensajes SOAP; útil para la DII o para las invocaciones personalizadas.
- **svcutil.exe.** Herramienta de línea de comandos para generar clases cliente desde un WSDL o metadatos de un servicio. Soporta contratos WCF.
- **Visual Studio.** Incluye asistentes gráficos para "Agregar referencia de servicio", que genera automáticamente las clases cliente y configura las conexiones.

- **ChannelFactory.** Clase de la API de WCF que permite crear *proxys* dinámicos en tiempo de ejecución a partir de los contratos de servicio definidos en el código.
- **Zeep.** Biblioteca que permite trabajar con servicios SOAP. Puede generar clientes dinámicamente y consumir servicios a partir de WSDL.
- **Suds.** Biblioteca para trabajar con SOAP, más ligera pero menos mantenida que zeep.
- **SoapClient.** Clase integrada en PHP que permite consumir servicios SOAP directamente desde un WSDL o construyendo las solicitudes manualmente.
- **Postman.** Herramienta gráfica muy utilizada para probar y consumir servicios REST y SOAP, ideal para depuración y pruebas rápidas.
- **Curl.** Herramienta de línea de comandos para enviar solicitudes HTTP; útil para consumir servicios REST y realizar pruebas manuales.
- **SoapUI.** Herramienta gráfica especializada en pruebas y validación de los servicios SOAP y REST, que permite crear y ejecutar casos de prueba complejos.

 IMPORTANTE

Cada herramienta está pensada para un escenario concreto: algunas automatizan la generación de código en los entornos controlados, otras ofrecen flexibilidad en los escenarios dinámicos y otras están orientadas a pruebas y depuración. La elección de la herramienta más adecuada dependerá del lenguaje, la plataforma y las necesidades del proyecto.

3.4. Ejemplo en Java (JAX-WS)

A continuación, se muestra un ejemplo en Java para generar clases cliente desde el WSDL, integrarlas en el proyecto e invocar una operación del servicio. Con herramientas como wsimport del JDK, el proceso es rápido y automatizado, permitiendo centrarse en la lógica de negocio.

Supongamos que existe un servicio web SOAP desplegado en la URL:

```
http://localhost:8080/CalculadoraService?wsdl
```

Este servicio realiza la suma de dos números enteros (int a, int b) devolviendo otro que corresponde con la suma de los anteriores:

- **Obtener la URL del WSDL.** Antes de generar el cliente, es necesario conocer la ubicación del archivo WSDL del servicio web que se va a consumir. Por ejemplo:

```
http://localhost:8080/CalculadoraService?wsdl
```

Este WSDL describe las operaciones disponibles, los parámetros que aceptan y las direcciones donde están desplegadas.

- **Generar las clases cliente (*stub*) con wsimport.** Se utiliza la herramienta wsimport incluida en el JDK para analizar el WSDL y generar las clases Java necesarias para invocar el servicio.
  Comando habitual:

```
http://localhost:8080/CalculadoraService?wsdl
```

El resultado es un conjunto de clases en el paquete cliente que encapsulan la lógica de comunicación con el servicio.

- **Integrar las clases en el proyecto.** Las clases generadas por wsimport deben añadirse al proyecto Java (si no se han generado directamente dentro de este). Una vez incluidas, el proyecto ya dispone de las interfaces y de las clases necesarias para invocar el servicio como si fuera un método local.
- **Escribir la aplicación cliente.** En el código Java del cliente, se deben crear las instancias de las clases generadas para acceder al servicio invocando a la operación deseada:

```
import cliente.*;
public class ClienteApp {
   public static void main(String[] args) {
```

Continúa en página siguiente >>

<< Viene de página anterior

```
    CalculadoraService servicio = new
CalculadoraService();
    Calculadora port = servicio.getCalculadoraPort();
    int resultado = port.sumar(5, 7);
    System.out.println("Resultado: " + resultado);
  }
}
```

En este ejemplo:

CalculadoraService es la clase generada que representa el servicio.

getCalculadoraPort() devuelve un puerto *(proxy)* que permite invocar las operaciones.

sumar(5, 7) es una operación del servicio invocada como un método Java.

➲ **Ejecutar el cliente.** Es hora de compilar y ejecutar la aplicación cliente. Si todo está correctamente configurado y el servicio está en funcionamiento, el cliente enviará la solicitud, recibirá la respuesta y mostrará el resultado:

Resultado: 12

4. Invocación mediante *proxy* dinámico

 HILO CONDUCTOR

Claudia y Sergio van a probar la invocación con el *proxy* dinámico, ideal para los servicios cambiantes o desconocidos. Sergio analiza el WSDL en ejecución y genera un *proxy* en memoria; Claudia destaca su flexibilidad sin recompilar, aunque con un mayor consumo y cuidado en el manejo de los errores. Ambos coinciden en que es útil para servicios externos o descubiertos en tiempo real.

El *proxy* dinámico permite consumir un servicio web generando en ejecución el código tras analizar el WSDL. Es ideal si la definición es desconocida o cambia con frecuencia, adaptándose en tiempo real. El flujo general de una invocación mediante *proxy* dinámico es el siguiente:

Obtener la ubicación del servicio
- El cliente debe conocer la URL del servicio o su WSDL, que describe operaciones, tipos de datos y puntos de acceso.

Analizar la definición del servicio
- En ejecución, el cliente usa una API para descargar y analizar el WSDL, identificando operaciones, parámetros y respuestas.

Crear el *proxy* dinámico
- Tras analizar el WSDL, el cliente crea en memoria un *proxy* que implementa la interfaz del servicio y permite invocar sus operaciones como métodos locales.

Invocar las operaciones
- El desarrollador usa el *proxy* dinámico para invocar operaciones, mientras este construye el mensaje, lo envía, espera la respuesta y la traduce para el cliente.

Procesar la respuesta
- El servicio ejecuta la operación y envía la respuesta, que el *proxy* dinámico interpreta y entrega al cliente como un valor listo para usar.

 **RECUERDA**

Este flujo permite a las aplicaciones cliente adaptarse dinámicamente a los servicios web desconocidos en tiempo de compilación, con mayor flexibilidad que un *stub* estático, a costa de una mayor complejidad y consumo de recursos en ejecución.

4.1. Ventajas e inconvenientes de la invocación mediante *proxy* dinámico

El *proxy* dinámico genera en ejecución la lógica de comunicación desde el WSDL y es ideal para servicios cambiantes o descubiertos en tiempo real. Sin embargo, sus ventajas e inconvenientes deben evaluarse según el proyecto. Entre las **ventajas** del *proxy* dinámico se encuentran:

Flexibilidad ante los cambios en el servicio
- El cliente se adapta a cambios en el servicio sin recompilar ni regenerar código, ideal para servicios externos o de terceros.

Soporte para el descubrimiento dinámico de los servicios
- Permite que el cliente consuma servicios que no estaban definidos en el momento de desarrollo, descubriéndolos y utilizándolos en tiempo de ejecución.

Menor acoplamiento
- Al no depender de un WSDL fijo en compilación, el cliente tiene menor acoplamiento y es más fácil de mantener en entornos dinámicos.

Ahorro de tiempo en los entornos con múltiples servicios
- En aquellos proyectos que consumen una gran cantidad de servicios con interfaces similares, evita la necesidad de generar y gestionar múltiples *stubs* estáticos.

Como **inconvenientes** se pueden citar los siguientes:

Mayor complejidad técnica
- El manejo de los errores, la validación de tipos y la construcción del *proxy* en la memoria requiere de mayores conocimientos técnicos por parte del desarrollador.

Menor rendimiento en ejecución
- El análisis del WSDL y la creación del *proxy* se realizan en tiempo de ejecución, lo que consume más recursos y puede ralentizar el arranque de la aplicación.

Continúa en página siguiente >>

<< Viene de página anterior

Menos robustez en la validación temprana
- Como no hay verificación en tiempo de compilación, los errores relacionados con la definición del servicio solo se detectan cuando se ejecuta la aplicación.

Dependencia de la disponibilidad del WSDL
- Si el WSDL no está accesible en el momento de la ejecución, la creación del *proxy* fallará y la invocación no podrá realizarse.

PARA SABER MÁS

En el siguiente artículo se analizan las diferencias existentes entre los *proxys* estáticos y dinámicos. Accede desde aquí:

https://redirectoronline.com/ifcd031po0302

TAREA 3

Luis está diseñando la arquitectura de un nuevo servicio web que debe integrarse con varios servicios externos. Ha leído sobre los *proxys* dinámicos y piensa que pueden facilitar la comunicación entre su servicio y los externos, ya que permiten resolver las interfaces en tiempo de ejecución sin necesidad de generar código cliente de forma explícita.

Sin embargo, antes de presentarlo al equipo, le gustaría preparar un listado claro con las principales ventajas de usar un *proxy* dinámico y también algunos de los inconvenientes o limitaciones que debería tener en cuenta.

Continúa en página siguiente >>

<< Viene de página anterior

¿Puedes ayudarle a Luis elaborando una lista con las ventajas e inconvenientes de usar un *proxy* dinámico para que pueda tomar una decisión informada?

4.2. Herramientas habituales

Las plataformas de desarrollo generan automáticamente el código cliente desde el WSDL para invocar a los servicios con un *stub* estático, permitiendo centrarse en la lógica de negocio. Conocer las herramientas de cada entorno ayuda a elegir la más adecuada:

➲ **Herramientas en Java:**

- ʊ **Wsimport.** Herramienta incluida en el JDK (con soporte para JAX-WS) que genera clases cliente a partir de un WSDL. Es sencilla, rápida y ampliamente utilizada.
- ʊ **Apache CXF.** *Framework* completo para los servicios SOAP y REST, con su propio generador de código (wsdl2java), muy flexible y ampliamente adoptado.
- ʊ **Apache Axis/Axis2.** Antecesores de CXF, con herramientas como WSDL2Java para generar clientes SOAP. Hoy en desuso, pero aún presentes en algunos proyectos.

➲ **Herramientas en .NET (C#):**

- ʊ **svcutil.exe.** Herramienta de línea de comandos para generar clientes a partir de WSDL o metadatos de servicios WCF. Compatible con contratos SOAP y servicios modernos.
- ʊ **Visual Studio.** Entorno integrado que permite agregar una referencia de servicio de forma gráfica, generando automáticamente el código cliente y configurando las conexiones.

➲ **Herramientas en Python:**

- ʊ **Zeep.** Biblioteca que permite consumir servicios SOAP fácilmente a partir de un WSDL. Genera clientes en memoria y ofrece una sintaxis sencilla.
- ʊ **Suds.** Biblioteca más ligera que zeep para trabajar con SOAP, aunque menos mantenida en la actualidad.

◐ **Herramientas en PHP:**

◊ **SoapClient.** Clase nativa de PHP que permite consumir servicios SOAP directamente desde un WSDL o creando las solicitudes manualmente.

◐ **Herramientas para pruebas y depuración:**

◊ **SoapUI.** Herramienta gráfica para diseñar, ejecutar y automatizar pruebas sobre servicios SOAP y REST.
◊ **Postman.** Ampliamente utilizada para probar servicios REST y, en menor medida, SOAP.
◊ **Curl.** Utilidad de línea de comandos para enviar solicitudes HTTP, ideal para depuración rápida.

4.3. Cuándo utilizar el *proxy* dinámico

El *proxy* dinámico es útil cuando la definición del servicio es variable, generando en ejecución la lógica desde el WSDL con mayor flexibilidad y menor acoplamiento. Esto implica más complejidad y consumo, por lo que debe evaluarse frente a un *stub* estático o la DII. Entre los escenarios más recomendables para utilizar el *proxy* dinámico se encuentran:

Servicios gestionados por terceros
- Si el servicio es externo y el cliente no controla su definición, el *proxy* dinámico es ideal, ya que se adapta a cambios en el WSDL sin recompilar.

Ambientes con múltiples servicios similares
- En entornos con muchos servicios similares, el *proxy* dinámico evita generar y mantener múltiples *stubs* estáticos.

Entornos con descubrimiento dinámico
- En las arquitecturas SOA o con descubrimiento dinámico, donde los servicios cambian en tiempo real, el *proxy* dinámico analiza el WSDL y genera el cliente al instante.

Proyectos con requisitos de actualización continua
- En entornos con servicios que cambian frecuentemente y poco tiempo para actualizar el cliente, el *proxy* dinámico minimiza cambios en el código fuente.

Al igual que hay escenarios en los que es recomendable el uso de un *proxy* dinámico, también hay otros en los que no se recomienda su uso, como por ejemplo:

Servicios internos estables
- Si el servicio es estable y controlado internamente, el *stub* estático es ideal por su rendimiento, robustez y validación temprana.

Entornos con los recursos limitados
- El *proxy* dinámico consume más recursos y puede ser lento, por lo que no es adecuado para aplicaciones de alto rendimiento o dispositivos limitados.

Cuando se requiere la validación estricta en compilación
- Si se requiere verificar en desarrollo que el cliente coincide con el servicio, es preferible un *stub* estático, que detecta errores antes de la ejecución.

5. Interfaz de invocación dinámica (DII)

👉 **HILO CONDUCTOR**

Claudia y Sergio trabajarán con la interfaz de invocación dinámica (DII), la técnica más flexible para consumir servicios web. Sergio construirá manualmente los mensajes SOAP y los enviará sin generar el código cliente, mientras Claudia destaca su control total, ideal para probar servicios desconocidos o personalizar los mensajes.

La interfaz de invocación dinámica (DII) permite invocar a los servicios web sin clases ni contratos previos, creando y enviando mensajes SOAP manualmente o con API de bajo nivel, siendo muy útil para los servicios desconocidos o descubiertos en ejecución.

 **PARA SABER MÁS**

En el siguiente enlace puedes ver una guía completa para implementar la DII con ejemplos de código. Accede a la guía desde aquí:

https://redirectoronline.com/ifcd031po0303

Este enfoque es útil en aquellas situaciones en las que el cliente no conoce de antemano la definición del servicio o necesita tener un control absoluto sobre los mensajes enviados y recibidos. A continuación, se explica su funcionamiento paso a paso:

- **Obtener la ubicación del servicio.** Como otros mecanismos, la DII necesita la URL del servicio y opcionalmente el WSDL, pero no requiere generar código cliente a partir de este.
- **Crear una conexión al servicio.** El cliente usa una API para enviar y recibir mensajes SOAP manualmente. En Java, se emplean la clase Call de JAX-RPC o la API SAAJ para construir los mensajes.
- **Construir manualmente la solicitud.** El desarrollador especifica la operación, los parámetros, los encabezados y el cuerpo del SOAP, permitiendo personalizar la solicitud con WS-Security, adjuntos o estructuras no estándar.
- **Enviar la solicitud y recibir la respuesta.** El cliente envía el mensaje, recibe la respuesta SOAP del servidor y la analiza manualmente para obtener los datos.
- **Procesar la respuesta.** El desarrollador interpreta, valida y maneja manualmente la respuesta, ya que no hay clases generadas automáticamente.

RECUERDA

En la DII, el cliente no se apoya en el código generado ni en *proxys* automáticos: toda la lógica de la invocación se construye y se maneja manualmente.

5.1. Ventajas e inconvenientes de la interfaz de invocación dinámica (DII)

La DII da al cliente el control total sobre la construcción, envío e interpretación de los mensajes sin generar el código del cliente o de los *proxys* dinámicos. Su flexibilidad es muy valiosa en escenarios concretos, aunque con limitaciones importantes. A continuación, se enumeran sus principales ventajas e inconvenientes para poder valorar cuándo es oportuna su utilización:

➲ **Ventajas:**

- ◐ **Máximo control sobre los mensajes.** El desarrollador controla por completo la solicitud, definiendo cabeceras, firmas, cifrado y elementos no estándar.
- ◐ **Independencia de contratos previos.** No necesita clases generadas ni una definición fija del servicio, permitiendo invocar servicios desconocidos en tiempo de ejecución.
- ◐ **Flexibilidad para servicios no conformes.** Ideal para interactuar con aquellos servicios que no cumplen estrictamente con los estándares o que requieren el uso de mensajes SOAP personalizados y complejos.
- ◐ **Útil para pruebas y diagnósticos.** Permite construir mensajes específicos para validar el comportamiento del servicio, explorar operaciones o simular distintos escenarios manualmente.

➲ **Inconvenientes:**

- ◐ **Mayor complejidad técnica.** El desarrollador debe conocer a fondo los estándares y protocolos implicados, así como la estructura de los mensajes SOAP.
- ◐ **Propensión a errores.** Al no contar con validación automática ni con tipado fuerte, es fácil cometer errores al construir las solicitudes o interpretar las respuestas.

◑ **Mayor esfuerzo de desarrollo.** Construir manualmente los mensajes y analizar las respuestas lleva más tiempo y requiere de una mayor cantidad de código que en los mecanismos automatizados.

◑ **Menor productividad.** En los proyectos grandes o con muchas operaciones, gestionar manualmente las invocaciones puede resultar poco práctico y difícil de mantener.

 **RECUERDA**

La DII es adecuada cuando se necesita flexibilidad y control absoluto sobre la comunicación con el servicio web, especialmente en los entornos de prueba, exploración o integración con serv cios complejos o no estándar.

5.2. Herramientas habituales DII

La DII permite construir y enviar manualmente las solicitudes a un servicio web sin generar el código cliente. Las plataformas ofrecen herramientas y API de bajo nivel para crear mensajes SOAP, gestionar conexiones y analizar respuestas, facilitando invocaciones dinámicas seguras y eficientes. Entre las herramientas más comunes para implementar la DII en las principales plataformas, se encuentran:

⮥ **Herramientas en Java:**

◑ **JAX-RPC (Call).** En Java, la DII se implementa con la clase Call de JAX-RPC, que permite configurar y enviar invocaciones dinámicas. Aunque en desuso frente a JAX-WS, es la referencia histórica.

◑ **SAAJ (SOAP with Attachments API for Java).** Ofrece control total al construir y manipular la sobrecabecera, cabeceras y cuerpo SOAP, ideal para personalizar completamente las solicitudes.

⮥ **Herramientas en .NET (C#):**

◑ **Message y ChannelFactory.** En WCF, se puede crear un objeto Message y enviarlo por un canal dinámico con ChannelFactory, sin contratos de servicio explícitos.

◑ **HttpClient + XML.** Otra alternativa consiste en construir manualmente el mensaje SOAP como un documento XML y enviarlo directamente a la URL del servicio con HttpClient.

⊃ **Herramientas en otros lenguajes:**

○ **Python (zeep + bajo nivel).** Aunque zeep está orientado a clientes dinámicos, también permite crear y enviar mensajes SOAP personalizados manualmente.

○ **PHP (SoapClient en modo no WSDL).** En PHP, se puede crear un SoapClient sin especificar un WSDL y construir solicitudes SOAP manualmente, configurando directamente la acción y los parámetros.

⊃ **Herramientas de depuración y apoyo.** Herramientas como SoapUI o Postman ayudan a probar solicitudes manuales con DII y verificar que cumplen las especificaciones antes de integrarlas en el código.

IMPORTANTE

Las herramientas para DII permiten generar las solicitudes SOAP manualmente, personalizar los mensajes y controlar la invocación. Son más complejas y requieren de un mayor conocimiento, pero son esenciales cuando se prioriza la flexibilidad y el control absoluto.

- -

ACTIVIDAD COMPLEMENTARIA

3. Reflexiona sobre las herramientas habituales para implementar la interfaz de invocación dinámica (DII).
   Investiga qué herramientas y API de bajo nivel ofrecen los entornos de desarrollo más comunes (por ejemplo, Java, .NET o Python) para construir manualmente mensajes SOAP, gestionar conexiones y analizar respuestas. Define en qué escenarios resultaría más adecuado usar DII frente a *stub* estático o *proxy*.

- -

6. Resumen

El consumo de los servicios web conecta clientes y servicios remotos. Elegir un acceso estático o dinámico afecta a la flexibilidad, al acoplamiento, al rendimiento y a la seguridad: mientras que el estático se destina a los servicios estables, el dinámico se adapta a los cambios, pero consume más recursos.

Para elegir el mecanismo de acceso más adecuado, es necesario evaluar diversos factores como:

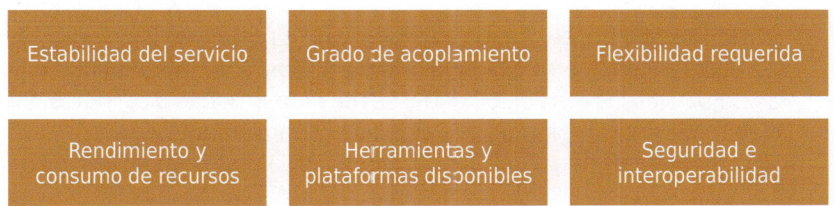

Estabilidad del servicio	Grado de acoplamiento	Flexibilidad requerida
Rendimiento y consumo de recursos	Herramientas y plataformas disponibles	Seguridad e interoperabilidad

Los mecanismos de comunicación se clasifican atendiendo al momento en el que generan su lógica, su automatización y flexibilidad. Los *stubs* estáticos, creados desde el WSDL, facilitan el acceso en los entornos estables, pero requieren de regeneración si hay cambios. Los *proxys* dinámicos generan el código en tiempo de ejecución tras analizar el WSDL, adaptándose a los servicios cambiantes con mas complejidad y consumo.

Entre las ventajas del *proxy* dinámico se encuentran:

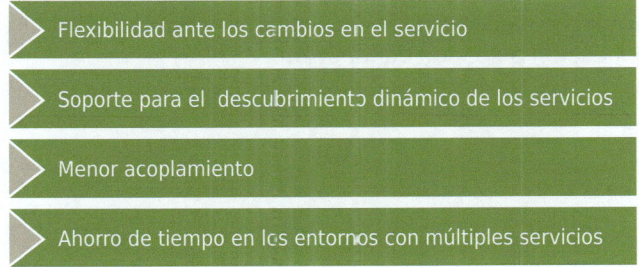

Flexibilidad ante los cambios en el servicio

Soporte para el descubrimiento dinámico de los servicios

Menor acoplamiento

Ahorro de tiempo en los entornos con múltiples servicios

Como inconvenientes se pueden citar los siguientes:

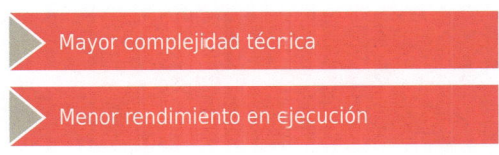

Mayor complejidad técnica

Menor rendimiento en ejecución

Continúa en página siguiente >>

<< Viene de página anterior

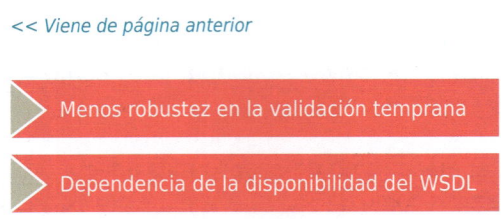

La DII permite acceder a los servicios web sin generar las clases cliente ni las descripciones previas, enviando mensajes SOAP manualmente con API de bajo nivel. Ofrece flexibilidad y es útil para pruebas o servicios desconocidos. Presenta las siguientes ventajas e inconvenientes:

Ventajas ✓	Inconvenientes ✗
- Máximo control sobre los mensajes - Independencia de contratos previos - Flexibilidad para servicios no conformes - Útil para pruebas y diagnósticos	- Mayor complejidad técnica - Propensión a errores - Mayor esfuerzo de desarrollo - Menor productividad

La seguridad de los servicios web es clave si opera en redes vulnerables y maneja datos sensibles. Se recomienda usar HTTPS y WS-Security con firma, cifrado, validación de certificados, control de caducidad de tokens y autenticación delegada como OAuth.

Ejercicios de autoevaluación
Unidad de Aprendizaje 3

1. **Indica si las siguientes afirmaciones son verdaderas o falsas:**

   a. La invocación de los servicios web permite que los sistemas clientes se comuniquen con los servicios desplegados para intercambiar información y ejecutar operaciones remotas.

   - Verdadero
   - Falso

   b. Las técnicas de invocación no requieren preocuparse por la seguridad, ya que los servicios web son siempre seguros por defecto.

   - Verdadero
   - Falso

   c. La invocación de servicios web solo es posible si cliente y servidor están implementados en el mismo lenguaje de programación y sobre la misma infraestructura.

   - Verdadero
   - Falso

   d. Las técnicas de invocación se apoyan en estándares como WSDL para generar el código cliente o realizar la invocación en tiempo de ejecución, adaptándose a diferentes escenarios.

   - Verdadero
   - Falso

2. **¿Qué aspecto define principalmente el tipo de acceso a un servicio web?**

   a. El formato de la base de datos en el servidor.
   b. El lenguaje de programación usado en el servidor.
   c. El sistema operativo del cliente.
   d. La estrategia con la que el cliente invoca el servicio y se comunica con él.

3. ¿Cuál de los siguientes es un ejemplo de acoplamiento débil?

    a. El cliente construye los mensajes SOAP manualmente.
    b. El cliente depende del código generado a partir del WSDL.
    c. El cliente invoca métodos locales generados en desarrollo.
    d. El cliente valida la firma digital del servidor.

4. ¿En qué momento se generan las clases cliente en el enfoque con *stub* estático?

    a. Antes de la ejecución, durante el desarrollo.
    b. Después de la primera invocación al servicio.
    c. En tiempo de ejecución.
    d. Nunca se generan; se construyen manualmente.

5. Una desventaja del *stub* estático es que...

    a. ... consume muchos recursos en tiempo de ejecución.
    b. ... es poco flexible ante cambios en el servicio.
    c. ... requiere construir los mensajes SOAP manualmente.
    d. ... solo funciona con servicios RESTful.

6. ¿Qué característica distingue al *proxy* dinámico del *stub* estático?

    a. Genera el código cliente en tiempo de ejecución.
    b. No analiza el WSDL en ningún momento.
    c. Requiere conocer el servicio en tiempo de compilación.
    d. Solo funciona en servicios internos.

7. ¿Qué escenario NO es adecuado para un *proxy* dinámico?

    a. Arquitecturas donde los servicios pueden ser sustituidos sin previo aviso.
    b. Integración con servicios de terceros que cambian con frecuencia.
    c. Servicios con definiciones estables y controladas.
    d. Servicios descubiertos dinámicamente.

8. ¿Qué ventaja ofrece la DII respecto a los otros mecanismos?

a. Control total sobre la construcción y envío de los mensajes.
b. Genera código cliente más rápido.
c. Mayor rendimiento en tiempo de ejecución.
d. Requiere menos conocimiento del protocolo SOAP.

9. ¿Cuál es una desventaja de la DII?

a. Es menos flexible que el *stub* estático.
b. No permite invocar servicios desconocidos.
c. Requiere construir e interpretar manualmente los mensajes.
d. Solo funciona con servicios internos.

10. ¿Qué principio de seguridad garantiza que un mensaje no se ha modificado durante la transmisión?

a. Autenticación
b. Confidencialidad
c. Disponibilidad
d. Integridad

Registros XML

Contenido

Objetivos

El objetivo general de esta Unidad de Aprendizaje es:

→ Comprender los registros XML y su uso en la publicación, descubrimiento y gestión de servicios web con buenas prácticas.

Los objetivos específicos de esta Unidad de Aprendizaje son:

→ Identificar los estándares, componentes y tipos de registros XML, comprendiendo su finalidad y funcionamiento en la arquitectura de los servicios web.

→ Descubrir cómo las herramientas y API como JAXR permiten acceder, publicar y consultar servicios en registros XML, aplicando los procedimientos adecuados.

→ Aplicar buenas prácticas en la gestión de registros XML, teniendo en cuenta aspectos de organización, seguridad, mantenimiento y tendencias tecnológicas actuales.

→ Elegir entre un registro público o privado según el tipo de servicio y proponer medidas de seguridad adecuadas.

1. Introducción

El crecimiento de los servicios web ha impulsado la creación de registros que permiten publicar, organizar y descubrir servicios de forma estandarizada. Estos repositorios facilitan la interoperabilidad y accesibilidad entre plataformas. El descubrimiento dinámico, apoyado en estándares como UDDI, permite a los clientes localizar servicios según criterios específicos, favoreciendo un ecosistema ágil, flexible y escalable.

Claudia y Sergio descubrirán que, en los grandes entornos, no basta con crear servicios web: también es crucial que otros puedan encontrarlos y usarlos fácilmente. Claudia descubrirá cómo debe publicarse un servicio en un registro UDDI, para facilitar que los posibles clientes lo localicen por categoría o funcionalidad. Sergio utilizará el registro para descubrir dinámicamente un servicio disponible y adaptarlo a su aplicación. Ambos comprobarán cómo los registros y su descubrimiento permite organizar, estandarizar y hacer más accesibles los servicios, fomentando la interoperabilidad y la reutilización.

2. Introducción a los registros XML

☞ HILO CONDUCTOR

Claudia y Sergio descubrirán la importancia de los registros XML, que actúan como directorios centralizados para publicar y encontrar a los servicios web. Claudia prueba un registro público con UDDI, permitiendo a cualquier usuario descubrir su servicio según la categoría y funcionalidad. Sergio, en cambio, configurará un registro privado en la intranet de una empresa para mantener control y la seguridad sobre los servicios internos. Ambos comprobarán que los registros, apoyados en los estándares como UDDI, ebXML y JAXR, mejoran la interoperabilidad, evitan duplicidades y facilitan la gestión de los servicios en los entornos complejos.

Los servicios web han cambiado la manera en la que las organizaciones integran los sistemas y comparten información, permitiendo que aplicaciones diversas se conecten. Para facilitar la búsqueda de los servicios, los registros XML funcionan como repositorios centralizados donde se almacena y organiza la información sobre los servicios disponibles, actuando como directorios accesibles para usuarios y aplicaciones. Esto ayuda a descubrir, consultar y consumir servicios de manera sencilla, mejora la interoperabilidad, reduce esfuerzos duplicados y favorece la administración eficiente de recursos en entornos complejos. Por ello, son fundamentales en las arquitecturas orientadas a servicios.

 RECUERDA

Un registro XML es un sistema que permite almacenar, describir, localizar y acceder a información sobre servicios web y otros recursos empresariales mediante tecnologías basadas en XML.

- -

 VÍDEO

En el siguiente video se explican distintos conceptos básicos de XML, SOAP, WSDL, registro de servicios. Accede al video desde aquí:

https://redirectoronline.com/ifcd031po0401

- -

2.1. Finalidades de los registros XML

Los registros XML cumplen un papel esencial en la gestión y explotación de los servicios web, ya que facilitan la interacción entre quienes ofrecen los servicios y quienes los consumen. Su principal razón de ser es actuar como un punto centralizado donde se almacena y organiza la información sobre los servicios disponibles, pero su utilidad va mucho más allá. Entre sus **finalidades** principales destacan las siguientes:

- ⮑ **Descubrimiento de servicios.** Facilitan que los consumidores encuentren servicios sin conocerlos antes, permitiendo búsquedas por nombre, categoría, palabras clave o criterios técnicos gracias a su organización.
- ⮑ **Publicación y visibilidad.** Permiten a los proveedores visibilizar sus servicios con descripciones estandarizadas, facilitando su disponibilidad y transparencia para los consumidores.
- ⮑ **Interoperabilidad.** Usar formatos abiertos y estandarizados en los registros facilita la comunicación entre plataformas y tecnologías diversas, clave en entornos heterogéneos y distribuidos.
- ⮑ **Reutilización y eficiencia.** Centralizando la información, se evita la duplicidad de los servicios y se promueve la reutilización de los existentes, optimizando los recursos y reduciendo los costes de desarrollo.
- ⮑ **Gestión y control.** Proporcionan un mecanismo para organizar, mantener y auditar los servicios disponibles, permitiendo tener siempre una visión clara y actualizada del catálogo de servicios.

2.2. Tipos de registros: públicos y privados

Uno de los aspectos fundamentales que se deben tener en cuenta al trabajar con los registros XML es el ámbito en el que se utilizan. En función de quién puede acceder y publicar en el registro, se pueden distinguir dos tipos: públicos y privados. Ambos cumplen la misma finalidad básica, almacenar, organizar y facilitar el acceso a los servicios web, pero difieren en su alcance, los usuarios y los objetivos estratégicos:

- ⮑ **Registros públicos.** Los registros públicos permiten a cualquier usuario publicar y descubrir los servicios en internet, sin restricciones de pertenencia ni redes privadas. Son accesibles globalmente y facilitan la visibilidad y la interoperabilidad entre las organizaciones. Sus principales ventajas son la amplia difusión, la colaboración abierta y el acceso democratizado a los servicios. Sin embargo, esta apertura implica riesgos de seguridad y privacidad, dificultad para garantizar calidad y validez, y ha provocado el cierre de algunos registros históricos por falta de adopción y mantenimiento.

  - ☉ **Ejemplo de registro público:**
    Una empresa de tecnología publica un servicio web gratuito para consultar la previsión meteorológica a nivel mundial.
    Para visibilizar su servicio para los desarrolladores de todo el mundo, lo publica en un registro público accesible desde internet, donde cualquiera puede descubrirlo y utilizarlo sin necesidad de pertenecer a ninguna organización.

Ο Características de este caso:

- ⇕ Cualquiera puede buscar y consumir el servicio.
- ⇕ El objetivo es alcanzar al mayor número posible de usuarios.
- ⇕ La seguridad y control del acceso son limitados, pero el servicio no maneja datos sensibles.

➲ **Registros privados.** Los registros privados restringen el acceso a los usuarios autorizados, ofreciendo un mayor control, seguridad y cumplimiento de políticas internas. Se usan en redes internas, pero tienen menor visibilidad externa y requieren recursos para su gestión.

Ο Ejemplo de registro privado
Un banco implementa un registro privado en su intranet para que los diferentes departamentos (comercial, operaciones, riesgos, etc.) puedan descubrir y reutilizar los servicios internos, como la validación de los clientes, la generación de los informes o la verificación de las transacciones.
El acceso está restringido únicamente a los empleados autorizados y los servicios están documentados siguiendo las políticas internas del banco.

Ο Características de este caso:

- ⇕ Solo los usuarios autenticados dentro del banco pueden acceder al registro.
- ⇕ Los servicios publicados son críticos y requieren una alta seguridad y control.
- ⇕ Se integran en la infraestructura interna de TI de la organización.

 TAREA 4

Eres el responsable de diseñar la estrategia de publicación de los servicios web para una organización internacional que ofrece dos tipos de servicios:

Un servicio gratuito de consulta de estadísticas demográficas mundiales para cualquier usuario en internet.
Un conjunto de servicios internos para gestión de nóminas y finanzas dirigido exclusivamente al personal de la organización.

Continúa en página siguiente >>

<< Viene de página anterior

¿Qué tipo de registro (público o privado) elegirías para cada uno de los servicios?

Justifica tu elección explicando las ventajas de tu decisión en cada caso.

¿Qué medidas adicionales de seguridad implementarías en el caso del registro privado?

2.3. Estándares relacionados con los registros XML

Los registros XML utilizan estándares abiertos que definen su estructura, comunicación y operaciones. Estos estándares aseguran la interoperabilidad entre las plataformas y permiten que las distintas aplicaciones usen los registros de manera uniforme. UDDI y ebXML Registry son los principales estándares implementados históricamente. Para trabajar con ellos en Java, se utiliza la API JAXR:

- **UDDI** *(Universal Description, Discovery and Integration):* es un estándar ampliamente usado para registrar servicios web. Define cómo describir los servicios, interactuar con el registro y organizar información mediante un modelo de datos, API y categorías (páginas blancas, amarillas y verdes). Utiliza XML para representar los datos y SOAP para la comunicación, lo que asegura interoperabilidad entre plataformas. Está orientado al descubrimiento y reutilización de servicios en arquitecturas SOA, permitiendo clasificarlos con taxonomías estándar. Aunque fue diseñado para registros públicos y privados, su uso se ha concentrado en entornos internos debido a necesidades empresariales de seguridad y control.
- **ebXML Registry** *(Electronic Business XML Registry):* es un estándar desarrollado por la iniciativa Electronic Business XML (ebXML) para gestionar los recursos empresariales como servicios, documentos electrónicos, esquemas XML, procesos de negocio y acuerdos de colaboración. A diferencia de UDDI, abarca una gama más amplia de artefactos y sus metadatos, permitiendo describir relaciones y dependencias complejas. Ofrece el control de versiones, la gestión de permisos y la aprobación de contenidos antes de su publicación. Al igual que UDDI, utiliza XML y SOAP para asegurar la interoperabilidad entre plataformas y es útil para registrar servicios y administrar documentación empresarial de forma centralizada y segura.
- **JAXR (Java API for XML Registries):** es una API que permite a los desarrolladores Java acceder de forma unificada a registros XML como UDDI y ebXML, evitando el uso de API específicas para cada estándar. Ofrece

un diseño flexible con dos niveles: una API de alto nivel para operaciones comunes y otra de bajo nivel para tareas más avanzadas. Así, JAXR simplifica la interoperabilidad, facilita la integración con Java EE, reduce la complejidad del desarrollo y mejora la portabilidad del código entre distintos registros XML.

 SABÍAS QUE...

Aunque algunos han ido perdiendo popularidad con la aparición de nuevas arquitecturas más modernas, siguen siendo relevantes en los entornos corporativos donde la estandarización y la compatibilidad son aspectos prioritarios.

3. Características de los registros UDDI

HILO CONDUCTOR

Claudia y Sergio estudiarán cómo funciona UDDI, el estándar que permite publicar y descubrir los servicios web de forma centralizada y estandarizada. Claudia prueba registrando su servicio con las páginas blancas, amarillas y verdes, para que otros sepan quién lo ofrece, qué hace y cómo acceder a él. Sergio explorará la diferencia entre los registros públicos, abiertos pero menos seguros, y privados, más controlados y seguros, usados dentro de empresas. Ambos descubrirán cómo UDDI organiza y clasifica servicios facilitando su interoperabilidad, aunque también verán que su complejidad y su enfoque tradicional lo han hecho menos popular frente a alternativas más modernas.

En los servicios web y arquitecturas SOA, es fundamental contar con mecanismos para publicar y localizar servicios de manera estandarizada. El estándar UDDI *(Universal Description, Discovery and Integration)* cumple esta función al definir cómo describir, descubrir e integrar servicios web mediante un registro centralizado. Junto con WSDL y SOAP, UDDI facilita la interoperabilidad entre plataformas al funcionar como directorio de servicios consultable según distintos criterios. Es lo suficientemente flexible para usarse tanto en registros públicos como privados y se ha consolidado como pieza clave en la gestión y descubrimiento de servicios empresariales.

3.1. Arquitectura y funcionamiento de UDDI

El estándar UDDI *(Universal Description, Discovery and Integration)* define una arquitectura clara para organizar la información sobre los servicios web y facilitar su publicación, descubrimiento e integración. Esta arquitectura está pensada para que tanto los proveedores como los consumidores de servicios puedan interactuar con el registro de forma eficiente y estandarizada, garantizando la interoperabilidad entre plataformas y organizaciones. En su diseño, UDDI contempla varios **elementos** clave que permiten estructurar la información de manera lógica y facilitar su consulta:

Organizaciones *(Business Entity)*
- Son las organizaciones que ofrecen servicios en el registro, incluyendo datos como nombre, contacto y categorías de negocio.

Servicios *(Business Service)*
- Cada organización puede publicar uno o varios servicios; cada uno debe tener su propio nombre, una breve descripción y una relación con los procesos de negocio que cubre.

Interfaces técnicas *(Binding Template)*
- Definen el acceso técnico a un servicio, con URL, protocolos y formatos, y suelen referenciar el WSDL que detalla operaciones y mensajes.

Modelos técnicos *(tModel)*
- Son descripciones abstractas o plantillas que estandarizan la descripción y categorización de servicios, ayudando a validar que cumplen ciertas especificaciones.

Una de las características distintivas de UDDI es la manera en la que organiza la información, inspirada en las guías telefónicas tradicionales. Esta estructura ayuda a entender qué ofrece un servicio, quién lo ofrece y cómo se accede a él. Para ello se pueden encontrar los siguientes **tipos de páginas:**

White pages (páginas blancas)
- Incluyen información básica de la empresa/organización: nombre, datos de contacto y direcciones. Responden a la pregunta: ¿quién ofrece el servicio?

Continúa en página siguiente >>

<< Viene de página anterior

Yellow pages (páginas amarillas)
- Clasifican las organizaciones y servicios en categorías industriales o taxonomías estándar, como NAICS o UNSPSC. Responden a la pregunta: ¿qué tipo de servicio es?

Green pages (páginas verdes)
- Describen los aspectos técnicos del servicio y cómo acceder a él: URL, protocolos, esquemas, etc. Responden a la pregunta: ¿cómo se accede al servicio?

El funcionamiento de UDDI puede resumirse en las siguientes **etapas,** que implican a proveedores y consumidores de servicios:

Publicación
- El proveedor registra información sobre su organización y sobre los servicios que ofrece, incluyendo los detalles técnicos y categorías.

Consulta
- El consumidor realiza búsquedas en el registro utilizando criterios como nombres, categorías, especificaciones técnicas o palabras clave.

Acceso
- Una vez localizado el servicio, el consumidor obtiene la información técnica necesaria (generalmente en WSDL) para interactuar con el servicio a través de la red.

 IMPORTANTE

La arquitectura y el funcionamiento de UDDI han sido diseñados para ser escalables, interoperables y suficientemente flexibles como para adaptarse a los distintos entornos, tanto públicos como privados.

El estándar UDDI garantiza que los servicios se puedan utilizar con distintas tecnologías y desde distintas ubicaciones.

3.2. Modelos de implementación: públicos vs. privados

Una de las ventajas de la arquitectura y del diseño de UDDI es su flexibilidad para adaptarse a los distintos escenarios organizativos y de negocio. Esto se refleja en sus dos principales **modelos de implementación:**

Registros UDDI públicos	Registros UDDI privados
- Los registros públicos, accesibles globalmente, permitían publicar y descubrir servicios sin restricción organizativa. Aunque promovidos por grandes empresas, enfrentaron problemas de calidad y seguridad, y fueron descontinuados por baja adopción.	- Los registros privados, usados en organizaciones para usuarios autorizados, ofrecen control, personalización y cumplimiento normativo en entornos seguros, aunque requieren inversión y carecen de visibilidad externa.

 **RECUERDA**

El modelo público se orienta a la interoperabilidad global y abierta, mientras que el modelo privado responde a las necesidades específicas de control, seguridad y gobernanza dentro de un entorno corporativo.

3.3. Ventajas y limitaciones de UDDI

Como se ha indicado anteriormente, UDDI *(Universal Description, Discovery and Integration)* surgió como un estándar clave para la publicación, descubrimiento e integración de los servicios web. Su diseño abierto, basado en tecnologías estándar como XML, SOAP y WSDL, lo convirtió en una herramienta poderosa para fomentar la interoperabilidad entre organizaciones. Sin embargo, a pesar de sus numerosas ventajas, también presenta algunas limitaciones que han condicionado su adopción y evolución. Entre sus **ventajas** destacan:

- **Interoperabilidad y estandarización.** UDDI utiliza estándares abiertos como XML y SOAP para asegurar la interoperabilidad entre sistemas heterogéneos sin adaptaciones complejas.
- **Descubrimiento dinámico de servicios.** Gracias a su arquitectura y categorías (blancas, amarillas y verdes), UDDI facilita que los consumidores encuentren y usen servicios dinámicamente sin conocerlos de antemano.
- **Organización centralizada.** Proporciona un punto central para registrar y gestionar servicios web, facilitando su administración y reutilización en grandes organizaciones o consorcios.
- **Versatilidad en el ámbito de uso.** Puede usarse en registros públicos para servicios abiertos y en registros privados para gestionar servicios internos o de grupos cerrados.
- **Clasificación mediante taxonomías.** Permite organizar los servicios utilizando las taxonomías estándar (como NAICS o UNSPSC), lo que facilita las búsquedas más precisas y relevantes.

Además de las ventajas anteriores, también presenta las siguientes **limitaciones:**

- **Riesgos de seguridad y privacidad.** En registros públicos, los servicios son accesibles para todos, lo que puede implicar riesgos de confidencialidad, uso indebido o ataques sin controles adecuados.
- **Complejidad administrativa.** En grandes entornos, mantener actualizado el catálogo y gestionar categorías de servicios es complejo y requiere tiempo y recursos significativos.
- **Baja adopción en registros públicos.** UDDI buscaba impulsar registros públicos globales, pero no tuvo la adopción esperada por preocupaciones de seguridad y falta de validación de calidad.
- **Rigidez frente a nuevas tecnologías.** Con la adopción de microservicios, REST y API *gateways*, el modelo UDDI, centrado en SOAP y WSDL, ha perdido relevancia frente a soluciones más ágiles y ligeras.

VÍDEO

A continuación, puedes ver un víceo en el que se recogen los pasos que se deben dar para crear un *web service*. Accede al vídeo desde aquí:

https://redirectoronline.com/ifcd031po0402

APLICACIÓN PRÁCTICA

Laura trabaja en una organización que desarrolla y consume servicios web a nivel internacional. Necesitan una forma de que sus clientes y socios puedan localizar automáticamente los servicios disponibles, incluso cuando no conocen previamente su dirección ni su implementación técnica, asegurando la compatibilidad entre plataformas y tecnologías heterogéneas.

¿Puedes indicarle a Laura cuál de las siguientes ventajas es la más relevante que ofrece UDDI para resolver esta necesidad?

- **Clasificación mediante taxonomías**
- **Interoperabilidad y estandarización**
- **Organización centralizada**
- **Versatilidad en el ámbito de uso**

Solución

La interoperabilidad y la estandarización aseguran que los servicios publicados puedan ser consumidos por clientes implementados en distintas plataformas y lenguajes.

---

4. Acceso a registros mediante JAXR

☞ HILO CONDUCTOR

Claudia y Sergio van a descubrir JAXR, la API de Java que les permitirá interactuar con registros como UDDI o ebXML desde una misma interfaz. Claudia creará una conexión al registro, consultará diferentes organizaciones y descubrirá los servicios según sus categorías. Sergio, por su parte, descubrirá la importancia de que los datos de las organizaciones y servicios sean correctos. Ambos destacan lo práctico que resulta JAXR para abstraer los detalles técnicos del registro subyacente, facilitando la portabilidad y el manejo completo del ciclo de vida de los servicios.

En los servicios web, localizar y consultar los servicios en los entornos distribuidos es clave para la interoperabilidad. JAXR (Java API for XML Registries) permite a las aplicaciones Java interactuar fácilmente con registros de servicios como UDDI o ebXML mediante una interfaz común. Así, facilita el descubrimiento e integración dinámica de servicios en sistemas heterogéneos, especialmente útiles en SOA y entornos empresariales. Con JAXR, los desarrolladores pueden registrar, consultar y administrar servicios desde Java usando estándares abiertos.

4.1. Arquitectura de JAXR

La arquitectura de JAXR (Java API for XML Registries) está diseñada para proporcionar un marco unificado que permita a las aplicaciones Java acceder y manipular registros de servicios web independientemente de su implementación concreta (UDDI, ebXML, etc.). Para lograr este objetivo, JAXR define una estructura modular y flexible que separa claramente las responsabilidades y facilita la interoperabilidad.

La arquitectura de JAXR se compone de distintos **componentes** clave que interactúan para ofrecerle al desarrollador una interfaz sencilla y consistente:

Cliente JAXR	- El cliente JAXR es una aplicación Java que usa la API JAXR para interactuar con registros, gestionando información sin preocuparse por detalles técnicos gracias a la abstracción que ofrece JAXR.
API JAXR	- La API JAXR permite a los clientes interactuar con registros y consta de dos capas: la primera define los objetos que representan entidades del registro (organizaciones, servicios, etc.); la segunda gestiona el ciclo de vida y las consultas, permitiendo registrar, modificar o consultar esos objetos.
Proveedor JAXR (JAXR Provider)	- El proveedor JAXR es un componente que implementa la API y traduce sus llamadas en solicitudes específicas para registros concretos, permitiendo que una misma aplicación funcione con distintos registros sin cambiar el código cliente.
Registro (registry)	- El registro es el repositorio que almacena información sobre servicios y organizaciones, basado en estándares como UDDI o ebXML. Gracias a JAXR, el cliente no necesita conocer su implementación.

Esta arquitectura ofrece varias **ventajas** importantes:

Portabilidad	Abstracción	Flexibilidad
- Los clientes pueden trabajar con diferentes tipos de registros sin necesidad de modificaciones.	- Los detalles del registro específico quedan encapsulados en el proveedor.	- Permite evolucionar y adaptarse a nuevos estándares de registros en el futuro.

4.2. Operaciones fundamentales con JAXR

JAXR proporciona un conjunto de métodos y clases que cubren las necesidades más habituales de interacción con un registro: registrar entidades, consultar información, modificar registros existentes y eliminarlos.

Estas operaciones se agrupan en dos categorías principales: consulta (*query*) y gestión del ciclo de vida (*lifecycle management*). Las **operaciones** más relevantes que pueden llevarse a cabo mediante JAXR son:

- **Conexión al registro.** Antes de operar, la aplicación crea una conexión con el registro mediante el proveedor JAXR, configurando parámetros como URL y credenciales, obteniendo un objeto Connection e iniciando sesión.
- **Consulta de información.** Las consultas en el registro permiten buscar organizaciones, servicios y clasificaciones usando criterios como nombre o categoría. JAXR ofrece interfaces como BusinessQueryManager que devuelven colecciones de objetos representando estos datos.
- **Registro de entidades.** Registrar entidades implica crear objetos como organizaciones y servicios, asociarlos y guardarlos en el registro usando LifeCycleManager, para que estén disponibles para otros clientes.
- **Modificación de registros.** JAXR permite modificar entidades registradas actualizando sus propiedades y guardándolas de nuevo con LifeCycleManager, como cambiar nombres, URL o clasificaciones.
- **Eliminación de registros.** Las organizaciones o servicios obsoletos pueden eliminarse del registro usando deleteObjects de LifeCycleManager con sus identificadores.

Un flujo de trabajo básico con JAXR incluye los siguientes **pasos:**

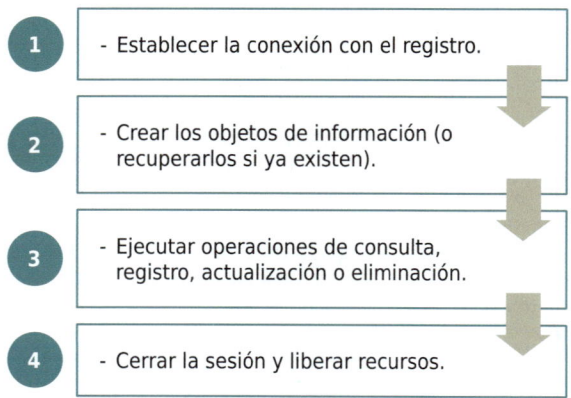

1	- Establecer la conexión con el registro.
2	- Crear los objetos de información (o recuperarlos si ya existen).
3	- Ejecutar operaciones de consulta, registro, actualización o eliminación.
4	- Cerrar la sesión y liberar recursos.

5. Servidores de registro

Claudia y Sergio quieren explorar los servidores de registro, que son las aplicaciones que permiten publicar, consultar y gestionar servicios web. Claudia quiere probar un servidor UDDI, registrando los servicios y consultando otros según categorías y nombres. Sergio quiere analizar los servidores ebXML, donde, además de servicios, se pueden almacenar documentos y contratos relacionados, destacando su riqueza para entornos empresariales complejos. Ambos valoran cómo estos servidores garantizan un almacenamiento seguro, tienen los metadatos organizados y aseguran el control de acceso, facilitando la interoperabilidad y el descubrimiento de servicios en redes abiertas o privadas.

Un servidor de registro es una aplicación que implementa un estándar de registro de servicios web, como por ejemplo UDDI *(Universal Description, Discovery and Integration)* o ebXML Registry/Repository. Su función es proporcionar una interfaz accesible a través de la red para que las aplicaciones cliente puedan:

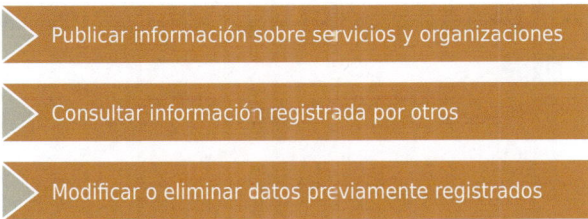

> Publicar información sobre servicios y organizaciones

> Consultar información registrada por otros

> Modificar o eliminar datos previamente registrados

Las principales **funciones** de un servidor de registro incluyen:

- **Almacenamiento persistente de información.** Registra datos de manera estructurada y segura, garantizando la integridad y la disponibilidad de la información.
- **Publicación de servicios.** Permite que los proveedores publiquen sus servicios, describiendo su funcionalidad, los puntos de acceso y las características técnicas.
- **Consulta de servicios.** Facilita a los consumidores la búsqueda y descubrimiento de los servicios mediante ciertos criterios como nombre, clasificación, identificadores o descripciones.

⬦ **Gestión de metadatos.** Incluye soporte para categorías, taxonomías y otras estructuras que enriquecen la descripción de los servicios y organizaciones.

⬦ **Seguridad y control de acceso.** Muchos servidores implementan mecanismos de autenticación, autorización y control del acceso para proteger la información y garantizar su correcto uso.

En función del estándar que implementen, los servidores de registro pueden clasificarse principalmente en dos categorías:

Servidores UDDI
- Implementan UDDI para describir y localizar servicios web mediante un modelo simple de organizaciones, servicios y puntos de enlace, y se usan en entornos empresariales o públicos para descubrir servicios.

Servidores ebXML Registry/Repository
- Implementan ebXML Registry/Repository, un marco completo para almacenar y gestionar metadatos de negocios electrónicos, incluyendo servicios, documentos, contratos y esquemas XML, usado en organizaciones con necesidades complejas de intercambio.

6. Buenas prácticas en la publicación de servicios

☞ HILO CONDUCTOR

Claudia y Sergio quieren aprender a publicar los servicios correctamente en un registro. Claudia se encargará de las descripciones claras, asignar nombres coherentes y clasificar los servicios con categorías estándar. Sergio probará cada servicio antes de publicarlo, añadiendo metadatos útiles y gestionará cuidadosamente las versiones para no confundir a los consumidores. Ambos descubrirán que mantener la información actualizada, cuidar la seguridad y complementar el servicio con la documentación técnica, además de facilitar que otros encuentren y usen los servicios, también transmite confianza y profesionalidad.

Publicar un servicio en un registro es un paso esencial para que otros usuarios o sistemas puedan descubrirlo y consumirlo. Sin embargo, no basta con registrar un servicio: es fundamental hacerlo de forma ordenada, clara y conforme a las normas y estándares de calidad. Aplicar buenas prácticas en la publicación de servicios ayuda a garantizar la interoperabilidad, facilitar la búsqueda y mejorar la confianza en los servicios ofrecidos.

Algunas de las **buenas prácticas** más relevantes que los desarrolladores y administradores deben seguir al registrar servicios web en un servidor de registro son:

- **Proporcionar descripciones claras y completas.** Incluye una descripción clara y comprensible del servicio, su contexto, limitaciones y dependencias, evitando jerga o abreviaturas que dificulten la comprensión.
- **Usar nombres e identificadores consistentes.** Usa nombres únicos y coherentes para organizaciones, servicios y puntos de enlace, con convenciones claras como Empresa.Servicio.Versión, e incluye identificadores únicos persistentes siguiendo estandares.
- **Clasificar correctamente los servicios.** Clasifica los servicios adecuadamente usando taxonomías reconocidas (UDDI, ebXML) para facilitar su localización, evitando categorías irrelevantes que generen confusión.
- **Mantener la información actualizada.** Revisa y actualiza periódicamente la información publicada, eliminando servicios obsoletos y corrigiendo descripciones, URL y contactos para mantener la validez y actualidad.
- **Publicar metadatos adicionales.** Añade información complementaria para facilitar el uso del servicio, como requisitos técnicos, versión de API, políticas de uso y datos de contacto para soporte.
- **Probar los servicios antes de publicarlos.** Verifica que los servicios funcionen correctamente y que sus puntos de acceso sean accesibles y cumplan con los requisitos antes de registrarlos.
- **Gestionar versiones correctamente.** Publica nuevas versiones sin sobrescribir las anteriores, indica claramente el estado de cada versión y ofrece compatibilidad hacia atrás cuando sea posible.
- **Cuidar la seguridad.** No publiques información sensible, especifica requisitos de autenticación y usa protocolos seguros como HTTPS en los puntos de acceso.
- **Documentar y comunicar.** Acompaña la publicación con documentación técnica clara (manuales, ejemplos, esquemas) e informa a los consumidores sobre disponibilidad y uso adecuado del servicio.

PARA SABER MÁS

A continuación, puedes consultar el documento *Desarrollo y consumo de servicios web. Buenas prácticas*, de la Generalitat Valenciana. Accede desde aquí:

https://redirectoronline.com/ifcd031po0403

RECUERDA

La calidad de la información registrada es tan importante como la calidad técnica del propio servicio, ya que una publicación descuidada puede dificultar su descubrimiento y uso, o incluso generar errores y desconfianza.

ACTIVIDAD COMPLEMENTARIA

4. Analiza las buenas prácticas que debe seguir un cliente al invocar un servicio web, como validar certificados, usar HTTPS, no enviar credenciales en claro, emplear tokens con caducidad o no registrar datos sensibles. Tu tarea consiste en:

   · Identificar al menos tres buenas prácticas y explicar brevemente por qué son importantes.
   · Plantear un ejemplo real o ficticio en el que no aplicar una de estas buenas prácticas haya causado un problema de seguridad o funcionamiento, o en el que aplicarlas haya evitado un fallo o un ataque.

---

7. Resumen

Los registros XML son repositorios centralizados que organizan información sobre servicios web y otros recursos empresariales. Su función principal es facilitar la interacción entre los proveedores y los consumidores de servicios. Entre sus finalidades destacan:

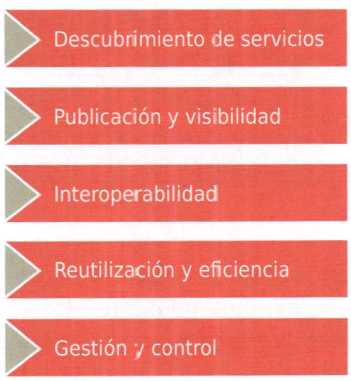

Descubrimiento de servicios

Publicación y visibilidad

Interoperabilidad

Reutilización y eficiencia

Gestión y control

Existen dos tipos principales de registros:

- **Registros públicos:** son accesibles por cualquier proveedor o consumidor vía internet. Ofrecen máxima visibilidad, pero tienen riesgos de seguridad y privacidad, dificultad para garantizar la calidad y baja adopción (muchos históricos han desaparecido).
- **Registros privados:** están restringidos a un grupo cerrado, siendo los más comunes en los entornos empresariales. Proporcionan un mayor control sobre la calidad y la seguridad, adaptándose a necesidades específicas, aunque tienen una menor visibilidad externa y requieren de recursos internos para su mantenimiento.

El estándar UDDI *(Universal Description, Discovery and Integration)* define una arquitectura clara para organizar la información sobre los servicios web y facilitar su publicación, descubrimiento e integración. Esta arquitectura está pensada para que tanto los proveedores como los consumidores de servicios puedan interactuar con el registro de forma eficiente y estandarizada, garantizando la interoperabilidad entre plataformas y organizaciones.

Entre las **ventajas** del uso de UDDI destacan:

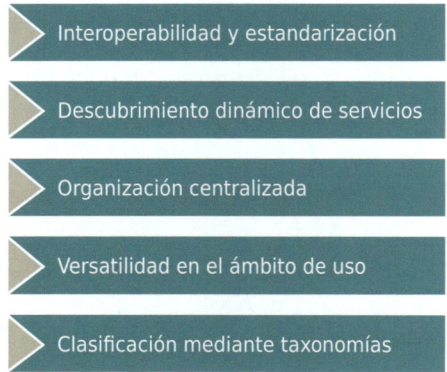

Interoperabilidad y estandarización

Descubrimiento dinámico de servicios

Organización centralizada

Versatilidad en el ámbito de uso

Clasificación mediante taxonomías

Aunque los registros XML son un concepto general, existen dos grandes estándares que los implementan y los han definido históricamente: UDDI *(Universal Description, Discovery and Integration)* y ebXML Registry *(Electronic Business XML Registry)*. Además, para interactuar con ellos desde Java, se cuenta con la API JAXR (Java API for XML Registries).

Las operaciones más relevantes que pueden llevarse a cabo mediante JAXR son:

Conexión al registro

Consulta de información

Registro de entidades

Modificación de registros

Eliminación de registros

Un servidor de registro es una aplicación que implementa un estándar de registro de servicios web, como por ejemplo UDDI *(Universal Description, Discovery and Integration)* o ebXML Registry/Repository. Su función es proporcionar una interfaz accesible a través de la red para que las aplicaciones cliente puedan:

- ⮕ Publicar información sobre servicios y organizaciones.
- ⮕ Consultar información registrada por otros.
- ⮕ Modificar o eliminar datos previamente registrados.

Las buenas prácticas para publicar servicios incluyen: descripciones claras, nombres consistentes, clasificación adecuada, información actualizada, pruebas, gestión de versiones, seguridad y documentación completa. La calidad del registro es tan relevante como la del servicio.

Ejercicios de autoevaluación
Unidad de Aprendizaje 4

1. Indica si las siguientes afirmaciones son verdaderas o falsas:

a. Los registros de servicios web actúan como repositorios donde los proveedores publican servicios y los consumidores pueden descubrirlos e integrarlos en sus aplicaciones.

  ■ Verdadero
  ■ Falso

b. Los registros de servicios web solo funcionan en plataformas privadas y no permiten la interoperabilidad entre tecnologías distintas.

  ■ Verdadero
  ■ Falso

c. UDDI impide que los consumidores se beneficien de la organización y estandarización de los servicios.

  ■ Verdadero
  ■ Falso

d. El descubrimiento de servicios web permite a los clientes localizar y seleccionar dinámicamente los servicios más adecuados según criterios como disponibilidad o funcionalidad.

  ■ Verdadero
  ■ Falso

2. ¿Qué es un registro XML?

a. Un lenguaje de programación específico para servicios web.
b. Un protocolo de transmisión de datos.
c. Un sistema que almacena, describe y localiza los servicios web.
d. Una herramienta para encriptar mensajes SOAP.

3. ¿Por qué son importantes los registros XML en los entornos empresariales?

    a. Porque actúan como directorios centralizados que organizan y facilitan el acceso a servicios.
    b. Porque eliminan la necesidad de interoperabilidad.
    c. Porque garantizan la eliminación de la documentación técnica.
    d. Porque impiden la colaboración entre departamentos.

4. ¿Qué componente de UDDI indica quién ofrece el servicio?

    a. Binding Template
    b. Business Entity (Organizaciones)
    c. tModel
    d. WSDL

5. ¿Qué representan las *white pages* en UDDI?

    a. Categorías de negocio del servicio
    b. Información de contacto de la organización que ofrece el servicio
    c. Información técnica del servicio
    d. Ubicación física del servidor

6. ¿Qué estándares pueden ser accedidos mediante JAXR?

    a. SOAP únicamente
    b. Solo ebXML
    c. Solo UDDI
    d. UDDI y ebXML

7. ¿Qué opción corresponde con una ventaja clave de JAXR?

    a. Aumenta la complejidad del desarrollo.
    b. Elimina la interoperabilidad con otros sistemas.
    c. Requiere múltiples API para distintos registros.
    d. Simplifica el acceso y reduce la complejidad al trabajar con registros XML.

8. ¿Qué estándar puede implementar un servidor de registro?

    a. DNS
    b. SMTP
    c. TCP/IP
    d. UDDI

9. ¿Por qué es importante el control de acceso en los servidores de registro?

    a. Para dificultar la interoperabilidad.
    b. Para eliminar las auditorías internas.
    c. Para facilitar el acceso anónimo.
    d. Para proteger los servicios y su información de accesos no autorizados.

10. ¿Qué ventaja tiene clasificar correctamente los servicios?

    a. Aumenta la confusión entre los consumidores.
    b. Elimina la necesidad de documentación técnica.
    c. Garantiza que no sean descubiertos por nadie.
    d. Permite que los usuarios los encuentren según categorías estandarizadas.

Proyecto de programación de una aplicación de servicio web

Contenido

Objetivos

El objetivo general de esta Unidad de Aprendizaje es:

→ Desarrollar un proyecto práctico de servicio web SOAP para aplicar todas las fases del ciclo de vida, usando un sistema de reservas como ejemplo.

Los objetivos específicos de esta Unidad de Aprendizaje son:

→ Diseñar las operaciones, mensajes y modelo de datos de un servicio web para gestionar reservas de citas.

→ Implementar el servicio web en un entorno de desarrollo, aplicando la tecnología SOAP y buenas prácticas básicas.

→ Documentar, probar y validar el servicio, asegurando que cumpla con los requisitos funcionales definidos y maneje correctamente situaciones esperadas y errores.

→ Analizar y reflexionar sobre las ventajas e inconvenientes de utilizar un *proxy* dinámico en un servicio web, desarrollando la capacidad de evaluar su idoneidad en diferentes escenarios.

1. Introducción

El desarrollo de un servicio web implica diversas etapas, que incluyen la planificación de los requisitos, el diseño de su comunicación con los clientes, la implementación y la verificación de su funcionamiento. En esta unidad formativa, se describirán las fases de un proyecto desde la concepción del servicio hasta su validación empleando la tecnología SOAP.

Para ilustrar el proceso, se planteará la creación de un servicio web para gestionar las citas de una clínica dental. Este caso práctico permitirá comprender, de forma sencilla y didáctica, cómo diseñar las operaciones, implementar la lógica del negocio, documentar adecuadamente el servicio y probarlo con distintos escenarios para garantizar su correcto funcionamiento.

Claudia y Sergio afrontan su mayor reto: desarrollar un servicio web completo, usando SOAP, desde la idea hasta su validación. Para practicar, han elegido como ejemplo un servicio para gestionar las citas de una clínica dental. Claudia se encargará de planificar los requisitos y diseñar la manera en la que se comunicarán los clientes con el servicio, definiendo cuidadosamente las operaciones necesarias y documentándolas. Sergio, por su parte, implementará la lógica de negocio y preparará varios escenarios de prueba para asegurarse de que el servicio responde correctamente a las distintas situaciones. Ambos descubrirán que, siguiendo las fases de planificación, diseño, implementación y verificación, el resultado será un servicio robusto y fácil de utilizar.

2. Diseño del servicio

 **HILO CONDUCTOR**

Claudia y Sergio se van a centrar en la etapa de diseño del servicio web, definiendo qué problemas resolverá y cómo interactuarán los usuarios con él. Claudia describirá las operaciones necesarias: crear, consultar y cancelar citas, asegurándose de que sean claras y completas. Sergio traducirá estas decisiones al proyecto Java, creando la interfaz DentalClinicService.java con los métodos definidos y preparando la clase DentalClinicServiceImpl.java para implementar la lógica. Ambos han acordado que, tras publicar el servicio con JAX-WS, validarán los mensajes SOAP generados mediante SoapUI para comprobar que todo funciona como habían planteado.

Diseñar un servicio web significa definir claramente qué problema resuelve, qué tareas realiza y cómo se comunican los usuarios o los sistemas con este. En este caso práctico, se pretende ayudar a una clínica dental a gestionar las citas mediante un servicio web, al que los pacientes pueden acceder desde otras aplicaciones para crear, consultar y cancelar sus citas.

Para diseñar el servicio se deben llevar a cabo las siguientes **etapas:**

- **Identificar el problema y los usuarios.** Antes de definir ningún aspecto técnico, se debe planificar:

    - ¿Para quién es?
    - ¿Qué necesidad cubre?
    - ¿Qué limitaciones tiene?

    En este caso práctico:

    - **Usuarios:** pacientes y personal administrativo.
    - **Necesidad:** gestionar citas de manera remota, rápida y sin errores.
    - **Limitaciones funcionales:**

        - Solo se pueden reservar citas durante el horario definido: 09:00-17:00.
        - No se puede reservar para fechas/horas pasadas.
        - Las peticiones deben indicar el nombre del paciente y la fecha/hora deseada en un formato claro.

- **Definir las operaciones del servicio.** Una vez definido el objetivo, se establecen las acciones que podrá realizar un cliente.
  En SOAP cada acción corresponde a una operación:

    - **Operaciones mínimas:**

        - getAvailableSlots()
          Devuelve una lista de citas disponibles en el sistema.
        - bookAppointment(name, datetime)
          Intenta reservar una cita para el paciente en la fecha y hora indicadas.
        - cancelAppointment(name, datetime)
          Cancela la cita reservada para el paciente en la fecha y hora especificadas.

- **Definir los datos de entrada y salida.** Para cada operación se deben especificar los datos que se esperan recibir (entrada) y los datos que devolverá (salida), con los formatos correctos para evitar errores.

Ϙ Datos de entrada:

⇕ getAvailableSlots()
⇕ bookAppointment()

name, datetime
name: texto no vacío.
datetime: en formato dd/mm/yyyy hh:mm

⇕ cancelAppointment()

name, datetime igual que en bookAppointment()

Ϙ Datos de salida:

⇕ getAvailableSlots()

Lista de horarios libres como texto.

⇕ bookAppointment()

Mensaje confirmando la reserva o indicando un error.

⇕ cancelAppointment()

Mensaje confirmando la cancelación o indicando un error.

➲ **Diseñar los mensajes SOAP**. En SOAP cada operación requiere dos mensajes: la petición (*request*) y la respuesta (*response*).
Por ejemplo, para la operación bookAppointment:

Ϙ La petición contendrá el nombre y la fecha/hora de la cita.
Ϙ La respuesta devolverá un mensaje indicando si se pudo reservar o no.

Este diseño también aplica para las otras dos operaciones.
En este punto todavía no se escribe el XML, sino que simplemente se deja claro:

Ϙ getAvailableSlots: no requiere parámetros y devuelve una lista.
Ϙ bookAppointment y cancelAppointment: requieren name y datetime; devuelven un mensaje de éxito o error.

➲ **Redactar el contrato del servicio (WSDL).** El WSDL (Web Services Description Language) es un documento XML que actúa como contrato del servicio que:

○ Especifica las operaciones disponibles.
○ Describe los mensajes de entrada y salida.
○ Indica la URL donde se encuentra el servicio.

Aunque aún no se generará, se establece que contendrá:

○ 6 mensajes (3 de petición y 3 de respuesta).
○ 1 puerto con las 3 operaciones definidas.
○ La ubicación del servicio en una URL pública o local.

➲ **Validar el diseño.** Antes de escribir el código, se debe revisar el diseño para que cumpla que:

○ Todas las necesidades sean funcionales (consultar, reservar, cancelar).
○ Los formatos de los datos sean claros para el cliente.
○ Se especifiquen correctamente las restricciones (no fechas pasadas, horario definido).
○ Todas las posibles respuestas contemplen también los errores.

Una vez finalizada esta etapa de diseño, durante la implementación, estas decisiones se plasmarán en el proyecto Java:

La definición de las operaciones se implementará en una interfaz Java (DentalClinicService.java), con un método por operación.

La lógica que valida los datos y ejecuta las acciones se aplicará en una clase de implementación (DentalClinicServiceImpl.java).

El contrato WSDL se generará automáticamente por JAX-WS cuando se publique el servicio, pero respetará las operaciones y parámetros definidos en esta etapa.

Los mensajes SOAP de ejemplo se probarán con SoapUI u otra herramienta durante la validación.

3. Implementación

☞ **HILO CONDUCTOR**

En la implementación del servicio, Claudia y Sergio crearán tres archivos: Claudia definirá las operaciones en DentalClinicService.java, mientras que Sergio programará la lógica y las validaciones en DentalClinicServiceImpl.java. Ambos prepararán Publisher.java para publicar el servicio en una URL. Todos los archivos se guardarán en la carpeta raíz del proyecto.

- -

La etapa de implementación consiste en materializar el diseño en un conjunto de archivos y clases, de forma que el servicio SOAP funcione y sea accesible para los clientes.

En este caso práctico se trabajará con Java y JAX-WS, que generan automáticamente el WSDL y manejan la comunicación SOAP, para lo cual se debe seguir el siguiente **proceso:**

➲ **Preparar el entorno.** Antes de programar, hay que asegurarse de tener instalado:

- ◊ Java JDK 8 (o superior).
- ◊ IDE (Eclipse, IntelliJ, NetBeans) o editor y terminal.
- ◊ JAX-WS (viene incluido hasta Java 8).

Se debe crear una carpeta para el proyecto, por ejemplo DentalClinicService.

➲ **Crear la interfaz del servicio:**

- ◊ Se creará el archivo llamado DentalClinicService.java.
- ◊ Se ubicará en la carpeta raíz del proyecto.
- ◊ Definirá el contrato del servicio.
- ◊ Especificará las operaciones que el servicio ofrece a los clientes.
- ◊ El código del archivo debe ser el siguiente:

```
import javax.jws.WebMethod;
import javax.jws.WebService;

/* Interfaz que define las operaciones del servicio SOAP*/
@WebService
public interface DentalClinicService {

    /* Devuelve una lista de horarios disponibles.*/
    @WebMethod
    String getAvailableSlots();

    /*Reserva una cita para el paciente indicado.*/
    @WebMethod
    String bookAppointment(String name, String datetime);

    /*Cancela una cita para el paciente indicado.*/
    @WebMethod
    String cancelAppointment(String name, String datetime);
}
```

⊃ **Implementar la lógica del servicio**

- ⋃ Se creará el archivo llamado DentalClinicServiceImpl.java.
- ⋃ Se ubicará en la carpeta raíz del proyecto.
- ⋃ Definirá la clase que implementa la interfaz.
- ⋃ Valida los datos, aplica las restricciones y devuelve las respuestas.
- ⋃ El código del archivo debe ser el siguiente:

```
import javax.jws.WebService;
import java.text.ParseException;
import java.text.SimpleDateFormat;
import java.util.Date;

/* Clase que implementa la lógica de las operaciones del
servicio.*/
@WebService(endpointInterface = "DentalClinicService")
public class DentalClinicServiceImpl implements
DentalClinicService {
```

Continúa en página siguiente >>

<< Viene de página anterior

```java
    private final SimpleDateFormat dateFormat = new
SimpleDateFormat("dd/mm/yyyy hh:mm");

    @Override
    public String getAvailableSlots() {
        // Por simplicidad, devolvemos valores estáticos.
        return "23/09/2025 10:00, 23/09/2025 11:00,
23/09/2025 12:00";
    }

    @Override
    public String bookAppointment(String name, String
datetime) {
        String validationResult = validateInput(name,
datetime);
        if (!validationResult.equals("OK")) {
            return validationResult;
        }

        return "Cita reservada para " + name + " el " +
datetime;
    }

    @Override
    public String cancelAppointment(String name, String
datetime) {
        String validationResult = validateInput(name,
datetime);
        if (!validationResult.equals("OK")) {
            return validationResult;
        }

        return "Cita cancelada para " + name + " el " +
datetime;
    }

    /* Método auxiliar para validar nombre y fecha/hora.*/
    private String validateInput(String name, String
datetime) {
        if (name == null || name.trim().isEmpty()) {
```

Continúa en página siguiente >>

<< Viene de página anterior

```
            return "Error: El nombre no puede estar vacío.";
        }

        if (!isValidDateTime(datetime)) {
            return "Error: La fecha y hora deben tener el
    formato dd/mm/yyyy hh:mm.";
        }

        if (isPastDate(datetime)) {
            return "Error: No se puede reservar en una fecha
    pasada.";
        }

        if (!isWithinBusinessHours(datetime)) {
            return "Error: La hora debe estar entre las 09:00
    y las 17:00.";
        }

        return "OK";
    }

    /* Verifica que la fecha/hora tenga el formato
    correcto.*/
    private boolean isValidDateTime(String datetime) {
        try {
            dateFormat.setLenient(false);
            dateFormat.parse(datetime);
            return true;
        } catch (ParseException e) {
            return false;
        }
    }

    /* Verifica que la fecha/hora no esté en el pasado.*/
    private boolean isPastDate(String datetime) {
        try {
            Date appointmentDate = dateFormat.parse(datetime);
            return appointmentDate.before(new Date());
        } catch (ParseException e) {
            return true;
```

Continúa en página siguiente >>

<< Viene de página anterior

```
      }
   }

   /* Verifica que la hora esté dentro del horario definido.
*/
   private boolean isWithinBusinessHours(String datetime)
{
      try {
         Date date = dateFormat.parse(datetime);
         int hour = date.getHours();
         return hour >= 9 && hour <= 17;
      } catch (ParseException e) {
         return false;
      }
   }
}
```

○ Publicar el servicio

- ◑ Se creará el archivo llamado Publisher.java.
- ◑ Se ubicará en la carpeta raíz del proyecto.
- ◑ Define la clase con método *main* para poder arrancar el servicio.
- ◑ Expone el servicio en una JRL accesible.
- ◑ El código del archivo debe ser el siguiente:

```
import javax.xml.ws.Endpoint;

/* Clase que publica el servicio en el puerto 8080.*/
public class Publisher {
   public static void main(String[] args) {
      Endpoint.publish("http://localhost:8080/
dentalclinic", new DentalClinicServiceImpl());
      System.out.println("Servicio dental listo en: http://
localhost:8080/dentalclinic?wsdl");
   }
}
```

Cuando se ejecute esta clase:

- ◗ El servicio estará disponible en http://localhost:8080/dentalclinic.
- ◗ El WSDL estará en http://localhost:8080/dentalclinic?wsdl.

● **Compilar y ejecutar**

- ◗ Compilar todos los archivos: javac *.java.
- ◗ Ejecutar el publicador: java Publisher.
- ◗ Comprobar en el navegador que el WSDL aparece en: http://local-host:8080/dentalclinic?wsdl.

Llegados a este punto se han generado tres **archivos:**

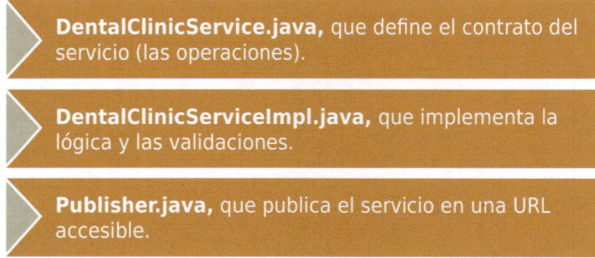

DentalClinicService.java, que define el contrato del servicio (las operaciones).

DentalClinicServiceImpl.java, que implementa la lógica y las validaciones.

Publisher.java, que publica el servicio en una URL accesible.

IMPORTANTE

Cada archivo debe guardarse de forma separada en la carpeta raíz del proyecto.

4. Documentación

HILO CONDUCTOR

Después de implementar las operaciones del servicio para la clínica dental, Claudia y Sergio se enfocarán en elaborar la documentación clara para que cualquier usuario o sistema pueda entender cómo consumir el servicio. Claudia redactará la descripción técnica: las operaciones, los formatos de datos y los

Continúa en página siguiente >>

<< Viene de página anterior

posibles errores, mientras que Sergio añadirá ejemplos de peticiones y respuestas reales. Finalmente, guardarán toda la información en un archivo README.md en la raíz del proyecto, asegurándose de que cualquiera que acceda al código sepa cómo integrar el servicio sin necesidad de revisar las clases Java.

La documentación de un servicio web es esencial para que otras personas o sistemas puedan entender cómo funciona y consumirlo correctamente, sin necesidad de mirar el código. La documentación debe incluir:

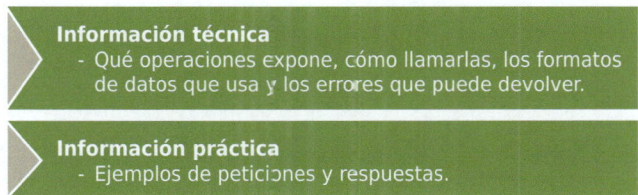

Información técnica
- Qué operaciones expone, cómo llamarlas, los formatos de datos que usa y los errores que puede devolver.

Información práctica
- Ejemplos de peticiones y respuestas.

El objetivo es entregarles a los usuarios/clientes del servicio una guía clara y completa para integrarse con él. Entre los **elementos** mínimos que se deben documentar están:

➲ **Documentar la URL y WSDL.** Cuando el servicio está publicado, será accesible en:

- ◐ Endpoint (donde se envían las peticiones): http://localhost:8080/dentalclinic.
- ◐ WSDL (descripción formal en XML): http://localhost:8080/dentalclinic?wsdl.

El WSDL incluye la definición técnica completa del servicio (operaciones, tipos de datos, mensajes, *bindings* y puerto).

➲ **Documentar las operaciones.** Para cada operación, se debe definir:

- ◐ Nombre de la operación.
- ◐ Qué hace (descripción breve).
- ◐ Parámetros de entrada: nombre, tipo, formato, si es obligatorio.
- ◐ Respuesta esperada (resultado o posibles mensajes de error).

Ejemplo:

Operación	Descripción
getAvailableSlots	Devuelve las citas disponibles en la clínica
Entrada	Ninguno
Respuesta	Texto con lista de horarios libres
Ejemplo de respuesta	23/09/2025 10:00, 23/09/2025 11:00, 23/09/2025 12:00

Operación	Descripción
bookAppointment	Reserva una cita para el paciente en la fecha/hora indicada
Entrada	name: texto no vacío datetime: dd/mm/yyyy hh:mm
Respuesta	Confirmación o mensaje de error
Ejemplo de respuesta	Cita reservada para Eva Pérez el 23/09/2025 11:00

Operación	Descripción
cancelAppointment	Cancela una cita ya reservada para el paciente en la fecha/hora indicada
Entrada	Igual que bookAppointment
Respuesta	Confirmación o mensaje de error
Ejemplo de respuesta	Cita cancelada para Eva Pérez el 23/09/2025 11:00

➲ **Documentar los formatos y validaciones.** Es importante que los clientes conozcan las restricciones y validaciones implementadas. Formato de *datetime:*

dd/mm/yyyy hh:mm (ejemplo: 23/09/2025 11:00)

Validaciones realizadas:

↻ El nombre no puede estar vacío.
↻ La fecha/hora debe tener el formato correcto.
↻ La fecha no puede ser pasada.
↻ La hora debe estar dentro del horario definido: 09:00-17:00.

● **Incluir ejemplos.** Se recomienda incluir ejemplos completos de peticiones y respuestas SOAP para que el usuario las pueda copiar y probar fácilmente.

Ejemplo de petición para bookAppointment:

```
<soapenv:Envelope xmlns:soapenv="http://schemas.xmlsoap.
org/soap/envelope/"
          xmlns:dent="http://example.com/dentalclinic">
   <soapenv:Header/>
   <soapenv:Body>
      <dent:bookAppointment>
         <name>Eva Pérez</name>
         <datetime>23/09/2025 11:00</datetime>
      </dent:bookAppointment>
   </soapenv:Body>
</soapenv:Envelope>
Ejemplo de respuesta:
<soap:Envelope xmlns:soap="http://schemas.xmlsoap.org/
soap/envelope/">
   <soap:Body>
      <bookAppointmentResponse>
             <result>Cita reservada para Eva Pérez el
23/09/2025 11:00</result>
      </bookAppointmentResponse>
   </soap:Body>
</soap:Envelope>
```

● **Buenas prácticas.** Ofrecer siempre el WSDL actualizado.

Incluir un archivo README con toda la información en el mismo proyecto.

Si se despliega en un servidor, se debe publicar la documentación en una página accesible.

Usar ejemplos reales y válidos para que los usuarios puedan probarlos.

Toda la información debiera recopilarse en un archivo de texto o Markdown llamado README.md que se debe encontrar en la carpeta raíz del proyecto.

APLICACIÓN PRÁCTICA

Javier trabaja en el departamento de TI de una empresa que ofrece un servicio web a sus clientes. Su jefe le pide preparar una guía de integración para que otros puedan conectarse fácilmente al servicio. Entre los siguientes puntos, debe identificar uno que sea imprescindible para que el cliente sepa dónde y cómo acceder al servicio.

¿Cuál de las siguientes opciones es la correcta?

- **Documentar la URL y el WSDL, indicando la dirección del servicio y su descripción técnica.**
- **Escribir la biografía del equipo de desarrollo.**
- **Incluir un apartado con noticias recientes de la empresa.**
- **Añadir únicamente capturas de pantalla sin explicación técnica.**

Solución

La mejor opción es documentar la URL y el WSDL, indicando la dirección del servicio y su descripción técnica. En una guía de integración, la URL del servicio y el WSDL *(Web Services Description Language)* son fundamentales para que el cliente pueda localizar el servicio web y entender sus operaciones, métodos y parámetros. Sin esta información, la integración sería imposible, por muy detallados que estén otros apartados.

- -

5. Pruebas y validación

 **HILO CONDUCTOR**

Claudia y Sergio han iniciado la validación del servicio ejecutando la clase Publisher.java y comprobando que el WSDL está disponible en la dirección http://localhost:8080/dentalclinic?wsdl. Luego, han ejecutado SoapUI, han creado un nuevo proyecto SOAP con la URL del WSDL y han verificado que las operaciones son correctas. Mientras que Claudia ha probado las peticiones con datos válidos para confirmar las respuestas correctas, Sergio ha enviado datos inválidos para

Continúa en página siguiente >>

<< Viene de página anterior

comprobar que los mensajes de error fueran los adecuados y que el servicio no falla. Tras revisar que las respuestas tienen el formato esperado y que el sistema maneja bien los errores, han concluido que el servicio ya podía ser consumido.

Una vez que el servicio se ha implementado y documentado, es momento de probarlo y validarlo para asegurar que:

- ➲ Responde correctamente a las peticiones.
- ➲ Cumple con las validaciones definidas.
- ➲ Responde adecuadamente ante errores.
- ➲ Es usable por un cliente externo sin problemas.

Antes de empezar a probar, es fundamental definir claramente qué aspectos se desean comprobar. En primer lugar, hay que asegurar que el servicio esté disponible en la URL especificada y accesible desde el entorno. También hay que verificar que el WSDL es accesible y correcto, ya que de él depende la definición de las operaciones y los mensajes del servicio. A continuación, se debe comprobar que cada una de las operaciones funcionan según lo esperado, devolviendo los resultados correctos para las solicitudes válidas. Asimismo, es importante enviar mensajes SOAP de ejemplo y confirmar que producen la respuesta adecuada, validando tanto su estructura como su contenido. Por último, se debe probar que el sistema gestiona adecuadamente los errores, es decir, que se generan las respuestas de fallo esperadas cuando se envían datos incorrectos o mal formateados.

IMPORTANTE

Para desarrollar las pruebas se puede usar la herramienta gratuita SoapUI que permite enviar mensajes SOAP, ver respuestas y automatizar las pruebas.

Antes de probar el servicio, es importante verificar que esté en marcha. Para ello, primero se debe ejecutar la clase Publisher.java para iniciar la publicación del servicio. Luego, se debe acceder desde un navegador web a la siguiente dirección: http://localhost:8080/dentalclinic?wsdl. Si al cargar la página se visualiza el archivo WSDL en el navegador, el servicio está activo y listo para recibir peticiones.

5.1. Pruebas con SoapUI

Para crear un proyecto SOAP en SoapUI, se deben seguir los siguientes **pasos:**

1. Abrir la aplicación SoapUI en el equipo.
2. Una vez abierta, se debe clicar en el menú File y seleccionar la opción New SOAP Project.
3. En la ventana que aparece, se debe introducir el nombre del proyecto.
4. En el campo Initial WSDL, introduce la URL del servicio: http://localhost:8080/dentalclinic?wsdl.
5. Al clicar en OK., SoapUI leerá el WSDL especificado y automáticamente generará las operaciones del servicio junto con sus solicitudes vacías, listas para que se completen y se prueben.

Ahora hay que probar las operaciones, para lo cual:

⮞ **getAvailableSlots()**
Ejecuta la petición.
Espera como respuesta una lista de citas disponibles.

⮞ **bookAppointment(name, datetime)**

Rellena los campos con un nombre válido y un *datetime* válido.
Ejemplo:

> name: Eva Pérez
> datetime: 23/09/2025 11:00

Espera una confirmación de reserva.
Luego prueba con valores inválidos para verificar que aparecen los mensajes de error:

- ☉ Nombre vacío
- ☉ Fecha en el pasado
- ☉ Hora fuera del horario definido
- ☉ Formato de fecha incorrecto

⮞ **cancelAppointment(name, datetime)**
Igual que bookAppointment, pero espera la confirmación de la cancelación.

Para cada operación hay que comprobar que:

1. La respuesta es correcta cuando los datos son válidos.
2. La respuesta es un mensaje de error adecuado cuando los datos son inválidos.
3. El formato de la respuesta es consistente con lo documentado.
4. El servicio no se cae ante errores ni datos maliciosos.

6. Pasos para probar el proyecto: Servicio SOAP - DentalClinic

 HILO CONDUCTOR

Claudia y Sergio quieren probar el servicio DentalClinic, por lo que prepararán el entorno, compilarán los archivos Java, arrancarán el servicio, verificarán que está activo, probarán con SoapUI, ejecutarán las operaciones y validarán los resultados. Gracias a este flujo podrán garantizar que el servicio puede ser desplegado, puesto que lo han probado y validado.

Siguiendo estos pasos se podrá comprobar que el proyecto Servicio SOAP - DentalClinic funciona correctamente y que cada una de sus operaciones responde correctamente a las solicitudes enviadas. Estos **pasos** son:

➲ **Preparar el entorno**
Asegurar que se tiene instalado:

  ↻ Java JDK 8 (o superior)
  ↻ SoapUI (para las pruebas)

Opcionalmente:

  ↻ Un IDE como Eclipse, IntelliJ o NetBeans.
    Descargar y descomprimir el proyecto con los archivos .java, .md y el paquete de pruebas.

➲ **Compilar los archivos Java**
Comprobar que en la carpeta del proyecto están los archivos:

◑ DentalClinicService.java
◑ DentalClinicServiceImpl.java
◑ Publisher.java

Se debe ejecutar en el terminal el siguiente comando: javac *.java.
Este comando genera los archivos .class necesarios.

➲ **Arrancar el servicio**
En la misma carpeta, se debe ejecutar: java Publisher.
Si todo va bien, aparecerá un mensaje: Servicio dental listo en: http://localhost:8080/dentalclinic?wsdl.

➲ **Verificar que está activo**
Abrir el navegador y visitar http://localhost:8080/dentalclinic?wsdl.
Si aparece el contenido XML del WSDL, el servicio está listo.

➲ **Probar con SoapUI**
Abrir SoapUI y crear un nuevo proyecto SOAP:

◑ Menú: File > New SOAP Project

Ponerle un nombre (por ejemplo: DentalClinic).
En el campo Initial WSDL, escribir:

◑ http://localhost:8080/dentalclinic?wsdl

Pulsar OK.
SoapUI generará las operaciones definidas (getAvailableSlots, bookAppointment, cancelAppointment).

➲ **Ejecutar las operaciones**
getAvailableSlots

Ejecuta la solicitud.
Espera una lista de horarios disponibles.

bookAppointment

Completa los parámetros con datos válidos:

name: Eva Pérez
datetime: 23/09/2025 11:00

Envía la petición y comprueba la confirmación.
Prueba también casos erróneos:

Nombre vacío.
Fecha en pasado.

Hora fuera del horario definido: 9-17.
Fecha con formato incorrecto formateada.

cancelAppointment

Igual que bookAppointment, pero debe aparecer un mensaje de cancelación.

○ **Validar resultados**
Se debe comprobar que las respuestas devueltas por el servicio coinciden con lo esperado:

Confirmación cuando los datos son correctos.
Errores cuando los datos son incorrectos.
Formato de la respuesta correcta.

 TAREA 5

Luis está diseñando la arquitectura de un nuevo servicio web que debe integrarse con varios servicios externos. Ha leído sobre los *proxys* dinámicos y piensa que pueden facilitar la comunicación entre su servicio y los externos, ya que permiten resolver las interfaces en tiempo de ejecución sin necesidad de generar código cliente de forma explícita.

Sin embargo, antes de presentarlo al equipo, le gustaría preparar un listado claro con las principales ventajas de usar un *proxy* dinámico y también algunos de los inconvenientes o limitaciones que debería tener en cuenta.

¿Puedes ayudar a Luis elaborando una lista con las ventajas e inconvenientes de usar un *proxy* dinámico para que pueda tomar una decisión informada?

---

7. Resumen

En esta unidad se ha desarrollado un proyecto práctico para crear un servicio web SOAP que recoge todas las fases del ciclo de vida: diseño, implementación, documentación y validación.

En la etapa de diseño se han definido las operaciones necesarias (crear, consultar y cancelar citas), documentándolas en una interfaz Java (DentalClinicService.java), tras haber pasado por las distintas fases que componen esta primera etapa:

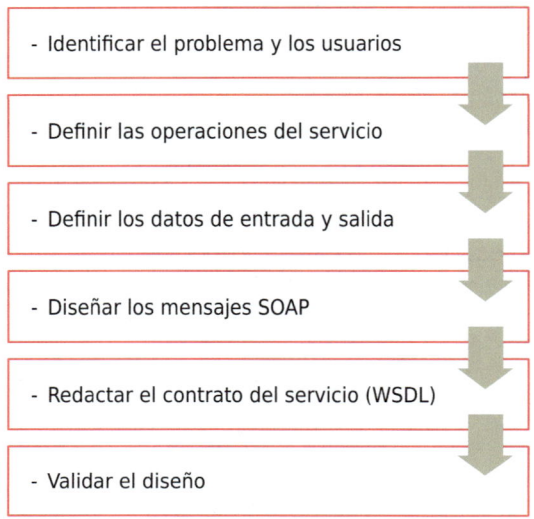

- Identificar el problema y los usuarios

- Definir las operaciones del servicio

- Definir los datos de entrada y salida

- Diseñar los mensajes SOAP

- Redactar el contrato del servicio (WSDL)

- Validar el diseño

El siguiente paso es la implementación en una clase (DentalClinicServiceImpl. java). En este caso práctico se ha trabajado con Java y JAX-WS, que generan automáticamente el WSDL y manejan la comunicación SOAP, para lo cual se ha seguido el siguiente **proceso:**

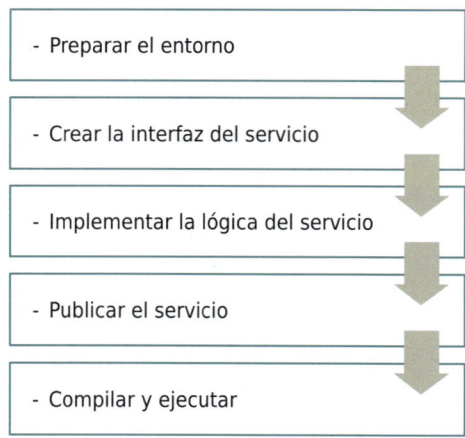

- Preparar el entorno

- Crear la interfaz del servicio

- Implementar la lógica del servicio

- Publicar el servicio

- Compilar y ejecutar

El último paso es la documentación, para lo que se ha creado el archivo Publisher.java para publicar el servicio en una URL, usando JAX-WS, que genera automáticamente el WSDL. Entre los elementos que se deben documentar están:

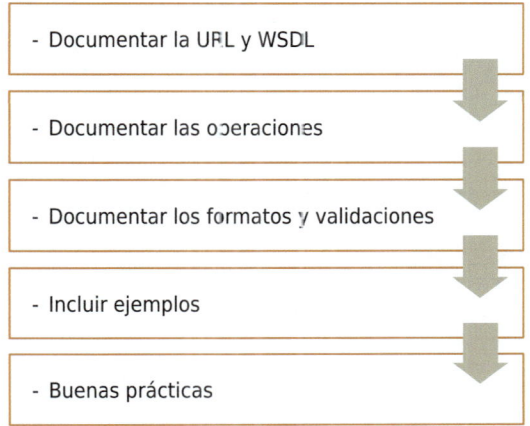

- Documentar la URL y WSDL

- Documentar las operaciones

- Documentar los formatos y validaciones

- Incluir ejemplos

- Buenas prácticas

Posteriormente, se ha probado el servicio para verificar que funciona correctamente, respondiendo a peticiones válidas, manejando errores apropiadamente y manteniendo la integridad y la disponibilidad. Para ello se ha usado SoapUI, creando un proyecto con la URL del WSDL, ejecutando pruebas con datos correctos e incorrectos para asegurar que las respuestas y mensajes cumplen lo esperado.

Se ha conseguido desarrollar un servicio robusto, bien documentado y listo para ser consumido, demostrando la importancia que tiene seguir el proceso ordenado para asegurar un resultado fiable y profesional.

Ejercicios de autoevaluación
Unidad de Aprendizaje 5

1. Indica si las siguientes afirmaciones son verdaderas o falsas:

a. El desarrollo de un servicio web incluye etapas como planificación, diseño, implementación y verificación.

- ■ Verdadero
- ■ Falso

b. La documentación del servic o web no es necesaria para su correcto funcionamiento.

- ■ Verdadero
- ■ Falso

c. Probar el servicio con distintos escenarios ayuda a garantizar su correcto funcionamiento.

- ■ Verdadero
- ■ Falso

d. La fase de planificacion de requisitos no forma parte del desarrollo de un servicio web.

- ■ Verdadero
- ■ Falso

2. ¿Qué operación del servicio web devuelve una lista de horarios disponibles?

a. bookAppointment
b. cancelAppointment
c. getAvailableSlots
d. listAppointments

3. ¿Qué herramienta gratuita se usa para probar y validar los servicios SOAP?

a. Postman
b. SoapUI

    c. Insomnia
    d. Swagger

4. ¿Qué clase se encarga de publicar el servicio?

    a. DentalClinicServiceImpl
    b. Publisher
    c. DentalClinicService
    d. ServiceManager

5. ¿Qué método devuelve la confirmación de cancelación de una cita?

    a. cancelAppointment
    b. removeBooking
    c. deleteAppointment
    d. endAppointment

6. ¿Qué archivo debe contener la documentación del servicio web?

    a. README.md
    b. manual.docx
    c. instrucciones.txt
    d. service_info.pdf

7. ¿Cuál es la función principal de la interfaz DentalClinicService.java?

    a. Implementar la lógica de negocio.
    b. Definir el contrato del servicio.
    c. Ejecutar pruebas automáticas.
    d. Publicar el servicio en un *endpoint*.

8. ¿Qué mensaje SOAP contiene los datos de entrada para una reserva?

    a. Response
    b. Request
    c. Header
    d. Envelope

9. **¿Qué se debe comprobar en SoapUI para validar que el servicio está activo?**

    a. Que se pueda acceder al WSDL.
    b. Que se pueda abrir el código fuente.
    c. Que se genere un *log* de actividad.
    d. Que el servidor muestre un mensaje de bienvenida.

10. **¿Cuál es la respuesta esperada si se envía una fecha pasada al servicio?**

    a. La cita se reserva igual.
    b. Mensaje de error.
    c. Respuesta vacía.
    d. Se cancela automáticamente.

Glosario

Acoplamiento
Nivel de dependencia entre el cliente y la definición del servicio web. Puede ser fuerte (rígido y predecible) o débil (flexible, pero más complejo).

API *(Application Programming Interface)*
Conjunto de definiciones y protocolos que permiten la integración entre aplicaciones.

Arquitectura RPC *(Remote Procedure Call)*
Modelo de servicios web en el que el cliente invoca métodos remotos en el servidor como si fueran locales, utilizando mecanismos como SOAP y WSDL.

Binding Template
En UDDI, describe cómo acceder técnicamente a un servicio, incluyendo URL, protocolos y formatos.

Cliente/Consumidor
Aplicación que invoca un servicio web para consumir sus funcionalidades.

Contenedor
Entorno donde se despliega y ejecuta el servicio web, como Apache Tomcat o WebLogic.

DII *(Dynamic Invocation Interface)*
Interfaz que permite invocar dinámicamente un servicio web sin necesidad de código cliente precompilado.

Endpoint
Dirección o URL donde el servicio web está disponible para ser invocado.

Framework
Conjunto de herramientas y bibliotecas que facilitan el desarrollo de *software*, como Spring Web Services o Apache CXF.

Green pages
En UDDI, páginas que describen los aspectos técnicos del servicio: cómo acceder, protocolos y esquemas.

Handlers de mensajes
Componentes que interceptan y procesan los mensajes SOAP para añadir funcionalidades como autenticación o trazabilidad.

Interoperabilidad
Capacidad de las distintas aplicaciones, creadas en plataformas o lenguajes diferentes, para comunicarse correctamente.

JAXB
Herramienta para convertir datos entre XML y objetos Java.

JAXR
API para interactuar con registros UDDI.

JAX-RPC
API de Java para crear servicios web basados en RPC.

JAX-RS
API de Java para crear servicios web RESTful.

JAX-WS
API estándar de Java para crear servicios web SOAP.

JSON (JavaScript Object Notation)
Formato ligero y fácil de leer para intercambiar datos.

Proveedor
Entidad o aplicación que ofrece un servicio web.

Proxy dinámico
Cliente generado en tiempo de ejecución que se adapta a cambios en la definición del servicio.

Registro (UDDI)
Directorio que permite publicar y descubrir servicios web.

REST *(Representational State Transfer)*
Estilo arquitectónico para servicios web más simple y ligero que SOAP.

Skeleton
En el servidor, intermediario entre la lógica de servicio y el motor SOAP (en desuso en implementaciones modernas).

SOAP *(Simple Object Access Protocol)*
Protocolo basado en XML para intercambiar mensajes estructurados entre aplicaciones.

Stub
Código cliente generado automáticamente que actúa como intermediario entre la aplicación cliente y el servicio web.

UDDI *(Universal Description, Discovery and Integration)*
Estándar para registrar y descubrir servicios web.

White pages
En UDDI, páginas con información básica del proveedor del servicio: nombre, contacto y dirección.

WSDL *(Web Services Description Language)*
Documento XML que describe las operaciones, mensajes y puntos de acceso de un servicio web.

XML *(eXtensible Markup Language)*
Lenguaje de marcado utilizado para estructurar datos.

XSD *(XML Schema Definition)*
Lenguaje para definir la estructura y validación de documentos XML.

Yellow pages
En UDDI, páginas que clasifican los servicios en categorías o taxonomías estándar.

Bibliografía

Monografías

→ GANZÁBAL García, X.: *Desarrollo web en entorno servidor.* Madrid: Editorial Síntesis, 2019.

> Manual práctico sobre tecnologías y técnicas para crear aplicaciones web del lado del servidor, con ejemplos y buenas prácticas.

→ PICADO Corao, F. y PÉREZ Vanegas, M.: *Administración de servicios web. Anatomía del internet.* Barcelona: Editorial Marcombo, 2023.

> Texto técnico en español sobre administración y operación de servicios web en entornos empresariales.

→ RICHARD, T.: *Jakarta EE. Desarrolle aplicaciones web en Java.* Barcelona: Ediciones ENI, 2023.

> Guía actualizada para desarrollar aplicaciones web en Java con Jakarta EE, explicando sus principales API, patrones y buenas prácticas para crear aplicaciones empresariales modernas.

→ SERRANO Valero, R.: *Diseño de arquitecturas .NET orientadas a microservicios.* Barcelona: Editorial Marcombo, 2022.

> Guía actualizada para diseñar sistemas distribuidos en .NET, con enfoque en microservicios, comunicación entre servicios, seguridad (JWT) y patrones de integración.

Publicaciones y páginas web *online* con recursos

→ Apache CXF Project, de: <https://cxf.apache.org>.

> Web del proyecto Apache CXF, con documentación, guías y recursos para desarrollar e integrar servicios SOAP y REST en Java. Framework de código abierto para el desarrollo de servicios web SOAP y REST en Java, que incluye documentación y guías de uso.

→ Java EE 7 Tutorial - Servicios Web, de:
<https://docs.oracle.com/javaee/7/tutorial/index.html>.

Tutorial oficial de Java EE con capítulos dedicados a los servicios web, SOAP, REST, JAX-WS, JAX-RS y seguridad.

→ Microsoft, de:
<https://learn.microsoft.com/es-es/dotnet/architecture/microservices/>.

E-book en español disponible en el sitio oficial de Microsoft, con explicación de arquitecturas, contenedores y patrones de microservicios .NET.

→ Microsoft Learn - Servicios Web, de:
<https://learn.microsoft.com/es-es/dotnet/maui/>.

Recursos y tutoriales para el desarrollo de servicios web en plataformas Microsoft, con ejemplos prácticos.

→ Oracle Documentation - JAXWS y JAXRS, de:
<https://docs.oracle.com/javaee/7/tutorial/jaxws.htm>.

Documentación oficial que incluye explicaciones, ejemplos de código y tutorial paso a paso para crear servicios SOAP y REST en Java EE.

→ SoapUI, de: <https://www.soapui.org/>.

Herramienta gratuita para pruebas funcionales, de carga y seguridad en servicios web SOAP y REST, con recursos de aprendizaje y documentación.

→ Spring Web Services, de: <https://spring.io/projects/spring-ws>.

Sitio oficial del framework Spring WS, que ofrece documentación, ejemplos de proyecto y descargas para crear servicios SOAP.

→ UDDI.org - Universal Description, Discovery and Integration, de:
<http://www.uddi.org/>.

Portal con información sobre UDDI, ejemplos de implementación y especificaciones para registros y descubrimiento de servicios web.

→ W3C - Web Services Activity, de: <https://www.w3.org/2002/ws/>.

Página oficial del W3C que reúne los estándares fundamentales para los servicios web, como XML, SOAP, WSDL, UDDI, y buenas prácticas.